Das spanische Kochbuch

Besuchen Sie uns im Internet: www.komet-verlag.de

© 2002 Komet Verlag GmbH, Köln
Idee/Konzept/Design/Inhalt: agilmedien, Köln
Umschlaggestaltung: Peter Mebus für agilmedien, Köln
Satz: Peter Mebus für agilmedien, Köln
Fotos: Paul LeClaire, Köln
Landschaftsfotos: Julia Bellemann
Gemälde: Oswaldo Orias
Texte: Petra Knorr/Victoria Paz
Gesamtherstellung: Komet Verlag GmbH, Köln
ISBN 3-89836-305-8

Das spanische Kochbuch

KOMET

Inhalt

Inhalt

Vorwort

Spanien – das liebste Urlaubsland der Deutschen – ist kulinarisch betrachtet hierzulande eine noch nicht erschlossene Größe. Das spanische Gericht, das jeder mit diesem Land verbindet, ist die Paella, die typische, dem Urlauber wohl bekannte Reispfanne, oft zusammen mit einer Sangria, der erfrischenden Rotweinbowle, serviert.

Doch die spanische Küche bietet viel mehr: Sie ist reichhaltig, abwechslungsreich und voller wohlschmeckender Genüsse. Wer sich auf die spanische Küche einlässt, wird erfreut und überrascht sein, welche geschmackliche Vielfalt sich ihm bietet, denn es gibt nicht nur eine Landesküche.

Die spanische Küche ist die Summe der Kochkunst der einzelnen Provinzen. Die knapp 40 Millionen Spanier sprechen vier verschiedene Sprachen (Galizisch, Kastilisch, Katalanisch, Baskisch) und verteilen sich auf dreizehn Regionen mit den unterschiedlichsten Landschaften. Vom waldreichen, gebirgigen Katalonien über das kühle, schroffe Galicien, die öde, kahle Höhe Kastiliens mit der Mancha bis hin zum heißen, temperamentvollen Andalusien. Diese extremen klimatischen Unterschiede spiegeln sich in den verschiedenen Regionalküchen wider.

Im Laufe der Geschichte wurde Spanien von vielen Völkern erobert. Besonders prägend war die jahrhundertelange Herrschaft der Mauren, die zu einer kulturellen und wissenschaftlichen Blüte auf der Iberischen Halbinsel führte. Aber auch Reisende und Pilger auf ihrem Weg nach Santiago de Compostela brachten im Gepäck ihren Glauben, ihr Gedankengut, ihr Brauchtum und ihre kulinarischen Vorlieben mit auf die Iberische Halbinsel. Und nicht zuletzt beeinflussten die Eroberer der „Neuen Welt", die von ihren ausgedehnten Reisen mit Wirtschaftsgütern, Pflanzen und unbekannten Gemüsesorten zurückkehrten, die iberische Küchenkultur. Sie alle hinterließen Spuren auf der Speisekarte, die sich mit feiner Zunge bis heute nachvollziehen lassen.

Bis zu ihrer Vertreibung im Jahre 1492 lebten in Spanien ungefähr 200 000 jüdische Bürger. Allein in Toledo, von 1087 bis 1560 die Hauptstadt Spaniens, wohnten im 13. Jahrhundert über 12 000 Juden, eine wohlhabende, große Gemeinde. Noch heute lässt sich ihre kulinarische Hinterlassenschaft nachvollziehen: Ein schlichter, aber äußerst wohlschmeckender Eintopf, die olla potrida, hatte in Toledo ihren Ursprung. Bestehend aus Gemüse, Huhn, Rindfleisch, harten Eiern und feinen Kräuter, garte dieser Eintopf am Sabbat im noch warmen Ofen, der am Vortag angezündet wurde. Inzwischen wird dieser Eintopf auch mit Schweinefleisch zubereitet.

Das langsame Garen ist noch heute eine gern verwendete Kochmethode. Der allseits beliebte cocido madrileño, eine deftige Bauernmahlzeit, wird morgens in den Backofen geschoben und dann bei kleiner Hitze den ganzen Tag gegart, während man den Hof, das Vieh und die Felder bewirtschaftet. Kommt man dann abends müde von der Arbeit nach Hause, durchziehen appetitanregende Düfte das Haus. Dazu wird eine schnell gerührte Majonäse, die Aioli, gereicht.

In den Großstädten dagegen geht man nach der Arbeit nicht sofort nach Hause. Die vielen kleinen Bodegas oder Tapas-Bars laden Jung und Alt bei einem Glas Sherry oder einem kühlen Glas Rioja zum Verweilen ein. Dazu werden kleine feine Häppchen – die Tapas – genossen.

Die Decken dieser kleinen Bars hängen oft voller Schinken, die von gezüchteten Schweinen (jamón serrano) oder von Wildschweinen aus den Bergen (jamón iberico), stammen. Der wunderbare Serrano wird in hauchdünne kleine Scheiben geschnitten und auf Tellerchen zusammen mit Oliven, gegrilltem Paprikaschoten, marinierten Zwiebelchen und Knoblauch gereicht.

Der spanische Weinanbau hat eine lange Tradition. Die Rioja ist das bekannteste Rotweinanbaugebiet, aus Katalonien (Penedès) stammen die meisten Weißweine. Mit 1,4 Millionen Hektar Rebfläche ist Spanien weltweit das größte Weinbaugebiet. In der Mengenerzeugung liegt es allerdings weit hinter Italien und Frankreich zurück. Dafür sind Qualität und Charakter der Weine von allerhöchster Güte. Das wahrscheinlich bekannteste Produkt der spanischen Weinbaukunst ist Sherry, der weltberühmte Likörwein. Sherry ist die englische Bezeichnung für den spanischen Namen Jerez; in Frankreich nennt man Sherry Xérès. Daher findet man auf den Flaschenetiketten oft alle drei Namen: Jerez- Xérès- Sherry.

Wir möchten Sie einstimmen auf dieses Land mit seiner wechselhaften Geschichte, seinen temperamentvollen Bewohnern und seiner vielseitigen Küche. Begeben Sie sich mit uns auf eine Reise zu großen Gaumenfreuden und lassen Sie sich verzaubern von den Köstlichkeiten, die die einzelnen Regionen dieses schönen Landes zu bieten haben. Genießen Sie die Lektüre bei einem Glas goldenen Sherry und einigen pikanten Tapas und freuen Sie sich auf typisch spanische Gerichte, die nach Sonne, Sommer und Urlaub schmecken!

Spanien ist anders

Was verbindet ein Mitteleuropäer mit Spanien? Denkt er nur an fantastische Sandstrände und viel Sonnenschein, an große Künstler wie Dalì, Velàzques, Goya und Picasso, an Dichter wie Cervantes, Lope de Vega und Caldéron, an die berauschende Archtiktur eines genialen Gaudí und uralte Denkmäler aus maurischer Zeit, an Stierkämpfe und Flamenco – oder auch an Paella und Tapas, Rioja und Sangria?

Das südwestlichste Land Europas lag seit jeher am Schnittpunkt vieler Kulturen. In grauer Vorzeit siedelten in Spanien die Iberer, nach denen die Halbinsel benannt ist, und die Tartesier, die im Tal des Flusses Guadalquivir eine der ersten Hochkulturen schufen. Etwa 1200 v. Chr. drängten zentraleuropäische Kelten ins Land. Sie vermischten sich mit den Iberern zu Keltiberern.

An der Mittelmeerküste gründeten Phöniker und Griechen Handelsniederlassungen. Sie unterlagen den Karthagern, die ihre Besitzungen im zweiten Punischen Krieg wiederum an die Römer verloren. Kaiser Augustus verleibte die Iberische Halbinsel schließlich dem Römischen Reich ein.

In der Völkerwanderungszeit sickerten von Norden her germanische Stämme ein. Die Westgoten errichteten ein mächtiges Königreich mit der Hauptstadt Toledo, das jedoch um 711 von den so genannten Mauren erobert wurde, Arabern, die von der nur 14 km entfernten afrikanischen Küste übersetzten.

Den Arabern verdankt die europäische Kultur unter anderem, dass das Wissen der alten Griechen und Römer in der Völkerwanderungszeit nicht völlig verloren ging, denn viele der alten Schriften blieben in arabischen Übersetzungen erhalten und fanden vor allem über Spanien wieder den Weg zurück nach Europa. Auch war die Verwaltung durch die Kalifen die effektivste im ganzen mittelalterlichen Europa.

Während der Rest des Kontinents von Hunger und Elend großer Bevölkerungsteile gezeichnet war, gab es in Spanien relativen Wohlstand breiter Schichten und religiöse Toleranz.

Insgesamt 700 Jahre blieben die Mauren auf der Iberischen Halbinsel: der Fall der Alhambra, der letzten in Granada gelegenen maurischen Burg, am 2. Januar 1492 bedeutete das Ende der maurischen Herrschaft. Die christliche Rückeroberung, die Reconquista, hatte gesiegt.

Zur Zeit der Mauren lebten viele Juden in Spanien, die als Händler und Handwerker großes Ansehen genossen. Doch die Spanier vertrieben sie und die zum Christentum übergetretenen Juden, die conversos, aus Spanien.

Obwohl durch die Eroberungen in Mittel- und Südamerika großer Reichtum nach Spanien floss, begann eine Zeit des Niedergangs, da nach der Vertreibung der Mauren und der Juden auch deren Kultur und deren Wissen verloren gingen. Es regierte religiöser Fanatismus, und der Gegensatz von Arm und Reich wuchs weiter – noch verstärkt durch das amerikanische Gold.

NEUES AUF DEN TISCH

In der langen Zeit, in der die Mauren in Spanien lebten, machten sie viele Pflanzen, Gewürze und Gerichte in ihrem Herrschaftsbereich heimisch. Durch die veränderten politischen Bedingungen Ende des 15. Jh. waren die Europäer von den ihnen inzwischen lieb gewordenen Genüssen abgeschnitten. Die jahrhundertealten Routen der Handelsstraßen waren inzwischen versperrt: Konstantinopel und der Norden Afrikas standen unter osmanischer Herrschaft, der Seeweg um Afrika herum war den Portugiesen vertraglich abgetreten worden und somit für andere Nationen gesperrt. Daher suchte Christoph Kolumbus im Auftrag der spanischen Krone nach einem

neuen Weg nach Indien, um wieder orientalische Gewürze wie Pfeffer, Safran, Ingwer, Anis, Zimt, Muskat und Nelken, ohne die die europäische Küche sehr fad war, sowie Reis und Seide importieren zu können.

Bevor er aufbrach, verpflichtete er sich, wenn möglich, für die langweilige europäische Küche neue Gewürze und essbare Zutaten zu erkunden. Allerdings waren die Pflanzen, von denen sich die Ureinwohner in der Neuen Welt ernährten, nicht nach europäischem Geschmack, sodass Maniok, Süßkartoffeln, peruanische Papas (aus denen unsere heutige Kartoffel hervorgegangen ist), Paprika (die in Europa zuerst als Zierpflanze angebaut wurde), Tomaten (die man anfangs für giftig hielt) und Kürbisse zunächst von den Eroberern verschmäht wurden.

Nur die neue Getreideart Mais, die Kolumbus "mahiz" nannte und bereits von seiner ersten Reise als Kuriosität mit zurückbrachte, verbreitete sich innerhalb weniger Jahrzehnte in Spanien, Portugal und den Mittelmeerländern. Die Kartoffel hingegen fand erst auf einem Umweg über die Ziergärten europäischer Höfe den Weg in die Kochtöpfe, da diese Pflanze weniger wegen ihres Geschmacks, sondern vielmehr wegen ihrer schönen Blüten geschätzt wurde. Aber gewiss lag diese kulinarische Missachtung zum Teil an der fehlenden "Gebrauchsanweisung", denn viele probierten die Kartoffelknollen zunächst roh ...

Betrachtet man die Vielzahl der kulturellen Einflüsse, ist es verständlich, dass diese Vielfalt auch bei den Essgewohnheiten ihren Niederschlag gefunden hat. Von einer einheitlichen spanischen Küche kann man deshalb nicht sprechen. Je nachdem, welches Klima das Nahrungsmittelangebot beeinflusst hat, welche Volksstämme dort lebten, welche Berufe vorherrschten und welche Kulturen ihre Spuren hinterlassen hatten – alle Faktoren zusammen ließen in jeder Provinz eine ganz eigene, unverwechselbare Küche entstehen. Selbst so genannte Nationalgerichte wie die Paella oder die Tapas haben ihren Ursprung in regionalen Küchen.

KÖSTLICHES FÜR DIE KEHLE

"Sei mäßig im Trinken und bedenke, daß reichlich genossener Wein kein Geheimnis bewahrt."
Miguel de Cervantes Saavedra (1574-1616)

Abstinenz war zu Zeiten Cervantes' eher unüblich, denn jahrtausendelang waren alkoholische Getränke die verbreitetsten Durstlöscher und wurden wegen ihres hohen Kaloriengehalts auch als Nahrungsmittel geschätzt. Dies erklärt sich durch den Umstand, dass nur schwer sauberes Trinkwasser zu gewinnen war. Wein und Bier waren wegen ihres Gehalts an Alkohol und organischen Säuren frei von gefährlichen Krankheitserregern und somit meist gesünder als Wasser. Aus diesem Grunde war Bier lange Zeit das Alltagsgetränk der einfachen Leute. Bis ins 19. Jh. blieb die Wasserversorgung der Bevölkerung ein großes Problem, da das vorhandene Wasser oft durch Abfälle und Fäkalien verschmutzt war. Seuchen und Epidemien wie Ruhr oder Cholera waren die häufige Folge. Erst spät wurde der Alkoholkonsum durch den Genuss von Kakao, Kaffee, Tee, Säften und im letzten Jahrhundert durch Mineralwässer eingedämmt.

Heutzutage wird in Spanien immer noch gerne Bier ausgeschenkt, aber eine große Brautradition hat sich nicht entwickelt. Frisch gezapft wird es als caña (Glas mit 0,2 l), tubo (ca. 0,3 l) oder jarra (0,5 – 1,5 l) angeboten. Verlangt man dagegen eine cerveza erhält man ein Flaschenbier, das zwar nicht besser, aber teurer ist.

Der in der Produktion viel kostenintensivere Wein blieb lange den vornehmeren Bevölkerungsschichten vorbehalten. Auch wenn in der Gegend von Malaga bereits vor 3000 Jahren Wein gekeltert wurde, ist die Kunst, große Weine herzustellen, ein Erbe der Römer. Der Weinbau erlitt zwar durch den Untergang des Römischen Reiches und später durch die Herrschaft der Mauren, denen der Genuss von Alkohol verboten war, herbe Rückschläge, aber die Klöster bewahrten das Wissen der Winzer.

Aus den spanischen Regionalküchen von heute ist Wein nicht wegzudenken und gehört als Grundbestandteil dazu.

Die Produktion der spanischen Qualitätsweine unterliegt strengen Kontrollen. Für jedes Weinbaugebiet mit der Bezeichnung D. O. (Denominación de Origen) gibt es u. a. genaue Vorschriften über die Größe der Anbaufläche, der angepflanzten Rebsorten und der Art der Herstellung. Inzwischen muss sich spanischer Wein nicht mehr hinter den Erzeugnissen anderer Länder verstecken.

Der berümteste Wein stammt aus La Rioja im Norden Spaniens, wo noch strengere Vorschriften gelten, und das daher als einziges Weinbaugebiet eine eigene Herkunftsbezeichnug hat: D. O. Ca. (Denominación de Origen Calificada). Je nachdem, wie lange die Rioja-Weine gereift sind, erhalten sie unterschiedliche Qualitätsstufen: Vino sin crianza (junger Wein), Vino de crianza (mindesten zwei Jahre alt), Reserva (drei Jahre gereift) oder Gran Reserva (fünf Jahre gelagert).

Aus dem tiefen Süden, aus Andalusien, stammt der andere weltbekannte spanische Wein: der Sherry. Diese Bezeichnung ist den Engländern zu verdanken, bei denen sich dieser Wein aus der Gegend um Jerez seit jeher einer großen Beliebtheit erfreute, die allerdings den Namen nicht richtig aussprechen konnten ...

Sherry wurde erst im 13. oder 14. Jh. "entdeckt", als man merkte, dass sich die Haltbarkeit des Weins durch die Zugabe von Weingeist erheblich verlängern ließ. Diese Weine stammen nicht, wie sonst üblich, aus einer Ernte, sondern aus Mischungen aufeinander folgender Jahre. Eingeteilt werden die verschiedenen Sherry-Typen in: Fino, Amontillado, Oloroso, Palo Cortado, Raya, Pedro Jimenez, Muskateller, Süßweine, Color und Manzanilla. Mit zunehmendem Reifegrad wechseln der Alkoholgehalt und die Farbe des Sherrys von Hellgold zu Mahagonibraun.

Im Vergleich zu diesen alten Produktionsmethoden ist die Herstellung von Sekt eine junge Kunst. Obwohl die Flaschengärung bereits im 17. Jh. von einem französischen Mönch entdeckt wurde, interessierte man sich in Spanien erst in der zweiten Hälfte des 19. Jh. dafür. Doch fand der perlende Wein rasch seine Freunde. Der cava, der nach der méthode champenoise in Kellern (cava) produzierte Sekt, kommt heute aus verschiedenen Anbaugebieten. Die Qualtiätsstufen sind abhängig von den Restzuckermengen:

Extra Brut (bis 6 g/l), Brut (bis 15 g/l), Extra Seco (12 bis 20 g/l), Seco (17 bis 35 g/l), Semi-Seco (33-50 g/l) und Dulce (mehr als 50 g/l).

Doch das Getränk, das den meisten Spanien-Urlaubern in allerbester Erinnerung geblieben ist, heißt Sangria.

Die Grundzutaten für die wohl bekannteste Rotweinbowle der Welt sind:

1 unbehandelte Orange
1 unbehandelte Zitrone
2 Pfirsiche
1 El Zucker
1 l gut gekühlter Rotwein
5 cl Brandy (z. B. Veterano)
3 cl Bananenlikör
250 ml eisgekühltes Mineralwasser

So bereitet man sie zu:

Orange und Zitrone unter heißem Wasser abwaschen. Die Schalen spiralförmig mit einem sehr scharfen Messer dünn abschälen. Die weißen Häutchen an den Früchten unbedingt enfernen, denn sie sind sehr bitter! Die Früchte in Scheiben schneiden. Die Pfirsiche ebenfalls schälen, halbieren und in kleine Stücke schneiden. Das Obst mit den Schalen in einen Glaskrug füllen, zuckern und den Rotwein angießen. Mit Brandy, Bananenlikör und Mineralwasser auffüllen. Einige Eiswürfel halten das erfrischende Getränk länger kalt.

Aber Vorsicht! Die Sangria schmeckt zwar harmlos, hat es allerdings faustdick in ihren Früchten!

Eine Mischung aus Anisschnaps und Schlehen, Pacharán genannt, ist eine navarresische Spezialität, die inzwischen in ganz Spanien Freunde gefunden hat. Die schwarzblauen Früchte des Schwarzdornstrauchs werden im Spätsommer einfach in Schnaps eingelegt. Dann lässt man alles zwei bis vier Monate ziehen, wobei die Flaschen hin und wieder durchgeschüttelt werden sollten. Inzwischen wird diese Likörspezialität auch industriell hergestellt und ist gut gekühlt als Digestif nach der Mahlzeit beliebt.

Die ersten Europäer, die Schokolade kennen lernten, waren die Spanier, die seit 1517 an den Eroberungszügen in Mittelamerika teilnahmen. Das ursprünglich bittere Getränk stieß zunächst auf Ablehnung, doch als große Mengen Zucker hinzugefügt wurden, stand dem Erfolg des Kakaos nichts mehr im Weg. Nachdem sich der Kakao beim spanischen Adel durchgesetzt hatte, begann er, sich über ganz Europa auszubreiten.

Früher reichte man in Spanien geröstetes Brot (Picatoste) zur Schokolade, heute werden Churros, in Fett ausgebackene Spritzgebäckstreifen, bevorzugt.

Churros werden schon zum Frühstück verspeist. Sie werden in eine Tasse mit dickflüssiger Schokolade getaucht und machen so das Frühstück schon zu einem sinnlichen Erlebnis.

Viele Spanier behaupten, dass die Churros nur erfunden worden sind, um sie in die von allen so geliebte dickflüssige Schokolade tauchen zu können. Diese Trinkschokolade muss so dick sein, dass der Löffel darin stehen bleibt.

Der Genuss von Kaffee als Getränk ist über Konstantinopel nach Europa gekommen. Vermutlich seit 1700 wurde er auch auf der Iberischen Halbinsel getrunken. Der spanische Kaffee ist erheblich stärker als der in Deutschland erhältliche, da er schärfer gebrannt wird. Er wird in vielen Variationen genossen, vor allem als Milchkaffee (café con leche), schwarz (café solo), mit etwas Milch (cortado) oder aber – vor allem auf den Kanarischen Inseln – mit Kondensmilch (café canario).

FESTE MUSS MAN FEIERN WIE SIE FALLEN

"Die erste spanische Mahlzeit ist immer eine Angelegenheit mit Hors d'œuvres, einer Eierspeise, zwei Fleischgängen, Gemüsen, Salat, süßer Speise und Obst. Man muß ein gutes Quantum Wein trinken, um alles hinunterzuspülen."
      Ernest Hemingway (1899-1961), Fiesta

Hemingway war ein großer Freund Spaniens und viele seiner Romane spielen in diesem Land. In seinen Büchern spürt man die Lebensfreude der Spanier beim Essen, Trinken und Feiern. Daran hat sich bis heute nichts geändert.

Essen an sich hat in Spanien einen großen Stellenwert, sowohl im Alltag als auch an Festtagen. Gegessen wird in aller Ruhe, oft stundenlang. Allerdings sind die Essgewohnheiten und die „Mahlzeiten" völlig anders als die der Deutschen. Zum ersten Frühstück, das in der Regel nicht zu Hause, sondern in Gemeinschaft im Café oder in einer Bar eingenommen wird, gibt es nur eine Tasse Kaffee (schwarz oder mit wenig Milch) und Churros (in Fett gebackene Gebäckstängel), Hefeteigschnecken oder geröstetes Weißbrot. Ab 10 Uhr zelebriert man das zweite Frühstück, das aus Milchkaffee oder Schokolade und Gebäck besteht. Erst ab 14 Uhr denkt ein Spanier ans Mittagessen, das jedoch nie oppulent ist und oft nur aus einigen Tapas oder anderen Kleinigkeiten besteht. Die Hauptmahlzeit ist das abendliche Mahl, das oft erst nach 21 Uhr serviert wird, aus mehreren Gängen besteht und gerne mit einem süßen Dessert endet, denn Spanier lieben Süßspeisen, und eine Mahlzeit ist für sie erst komplett, wenn zum Schluss genascht werden kann.

Die Mehrheit der Spanier ist katholisch. Daher hängen viele landestypische Feste eng mit katholischen Feiertagen zusammen.

Das Osterfest, der liturgische Höhepunkt des Kirchenjahres, gehört zu den wichtigsten natio-

nalen Festen. Die spanische Karwoche, die Semana Santa, ist ein Volksfest, das am Palmsonntag beginnt und in der Nacht zum Ostersonntag endet. Heidnische Bräuche, mit denen die Rückkehr des Frühlings gefeiert werden, vermischen sich mit der Trauer um den Tod Jesus Christus und der Freude über seine Auferstehung. Ausdruck findet dies in festlichen Prozessionen und Umzügen.

Nach diesen Feierlichkeiten treffen sich traditionsgemäß Verwandte und Freunde zum Essen. Es gibt regional unterschiedliche Semana-Santa-Mahlzeiten. In einigen Gegenden sind es ausschließlich fleischlose Gerichte, z. B. Gemüseeintöpfe, die sich gut vorbereiten lassen, und Eier- oder Fischgerichte. In anderen Regionen (insbesondere auf den Kanaren) trifft man sich zu einem Picknick in der freien Natur und genießt beispielsweise eine Paella, die über einem Lagerfeuer bereitet wird.

Auf Süßes wird in der spanischen Semana Santa nicht verzichtet: Üblicherweise werden während der Prozessionen Süßigkeiten wie Zuckerstangen, glasierte Äpfel oder gebrannte Mandeln verteilt, denn viele Spanier glauben an den alten Reim:

"Wer in der Karwoche keine Süßigkeiten verteilt, dem wird Gott nicht vergeben, und er wird nicht ins Himmelreich kommen."

Der Ostersonntag ist ein wahres Freudenfest und wird traditionell in der Familie gefeiert. Das herkömmliche Festessen ist ein Lammgericht, dass in den verschiedenen Regionen unterschiedlich zubereitet wird.

Für Ostermontag bäckt man den traditionellen Osterkringel, den Mona de pasqua. Er besteht aus schwach gesüßtem Hefeteig und wird meist mit hart gekochten Ostereiern geschmückt, manchmal aber auch mit Marmelade gefüllt.

Während des Jahres werden in allen Regionen Spaniens aus den verschiedensten Anlässen Fiestas gefeiert. Sie sind ein Phänomen der ureigenen spanischen Vitalität und ihre Spannbreite reicht von Stierkämpfen über Frühlingsfeste, Heiligenprozessionen bis hin zum Nachstellen von historischen Schlachten. Oft hat der Anlass für die Feiern einen religiösen Hintergrund.

Eine der bekanntesten Ferias findet sieben Tage lang in Sevilla statt. Zwei Wochen nach Ostern beginnt das Fest, das ursprünglich ein Getreide- und Viehmarkt, dann eher ein Frühlingsfest war und heutzutage als Mischung aus Kirmes und Tanzfest bezeichnet werden kann.

Die Fiesta in Pamplona dagegen ist nicht nur ein kirchliches Fest zu Ehren des hl. Firminus, sondern auch Stierkampf-Spektakel und kulinarisches Ereignis, da die in der Arena getöteten Stiere anschließend verspeist werden – als Schmorfleisch oder Kotelett wandern sie in die Mägen der Besucher, die aber auch Lamm, Stockfisch oder Langusten als traditionelle Speisen nicht verschmähen.

Im Gegensatz zu manch anderen Ländern, in denen beim Weihnachtsfest der Konsum das Wichtigste ist, stehen in Spanien Tradition und Familienzusammenhalt im Mittelpunkt. Am Heiligen Abend versammeln sich die Verwandten zum großen Festmahl – oft mit Truthahn oder Kapaun –, um anschließend die Mitternachtsmesse zu besuchen. Danach trifft man sich auf dem Dorfplatz an einem offenen Feuer, um zu tanzen und Weihnachtslieder zu singen.

Ungewöhnlich ist der spanische Silvesterbrauch: Um Mitternacht steht man auf dem Dorfplatz, mit Trauben in der Hand. Bei jedem der zwölf Glockenschläge isst man eine Traube und wünscht sich etwas. Es soll Unglück bringen, wenn man die letzte Traube nicht beim letzten Glockenschlag verspeist hat.

Für die Kinder zählt der Dreikönigstag zu den wichtigsten Tagen im Jahr, denn in Spanien bringen erst am 6. Januar Kaspar, Melchior und Balthasar die Geschenke. In manchen Gemein-

den werden auf dem Dorfplatz die Weihnachtsgeschenke an die Kinder verteilt. Stärken kann man sich mit Roscón de reyes, dem Königskuchen, einem mit Mandeln und kandierten Früchten gefüllten Kranzgebäck.

Der Verzehr von süßen Gerichten oder Gebäck ist ein fester Bestandteil hoher Feiertage. Ostern ohne einen typischen Osterkringel aus Hefe oder Weihnachten ohne Mandelnougat, den Turrón, ist schlicht unvorstellbar.

SPANIENS KÜCHEN

Von einer typischen spanischen Küche kann nicht die Rede sein. Es gibt zwar einige Spezialitäten, die inzwischen weit über die Provinzgrenzen hinaus beliebt sind und den Status eines Nationalgerichts errungen haben,

doch herrscht die variantenreiche regionale Kochkunst vor, die jeweils von den ursprünglichen, gebietseigenen Lebensformen und klimatischen Gegebenheiten beeinflusst wird.

Da Spanien lange Küsten und Inseln besitzt, gehören Fische und Meeresfrüchte zu den Grundnahrungsmitteln. Durch atlantisches Klima im Norden, kontinentales im Hinterland und mediterranes am Mittelmeer gibt es außer dem Fischfang vielerlei Wild, Zuchtvieh und einen ausgedehnten und vielseitigen Gemüse- und Obstanbau.

Der Olivenbaum, von den Griechen auf die Iberische Halbinsel gebracht, prägt die spanische Küche wie keine zweite: Das Öl wird zum Braten oder für Salate, die Frucht als Zutat für viele Gerichte oder als Knabberei für zwischendurch verwendet. Daneben spielen vor allem Früchte,

Gemüse und Reis – Erbteile der maurischen Kultur –, sowie Kartoffeln, Tomaten und Knoblauch eine große Rolle in der spanischen Küche. Halten Sie sich die Landkarte Spaniens vor Augen und begleiten Sie uns auf einen kurzen Spaziergang von Norden nach Süden durch die einzelnen Provinzen.

oder Blätterteigpasteten bekannt. Die Füllungen variieren je nach Jahreszeit. Auch der lacón con grelos, gekochter Schweineschinken mit jungen Steckrübenblättern, ist berühmt. Ein vor allem bei Touristen beliebtes Gebäck ist die galicische Mandeltorte, die mit dem Kreuz der Jakobsritter dekoriert wird.

GALICIEN

ASTURIEN

Ganz im Nordwesten Spaniens liegt das karge Galicien, das im Gegensatz zum restlichen Spanien nie von den Mauren erobert wurde. Daher finden sich hier noch keltische und römische Spuren in der Küche. Auch die Pilger, die im Mittelalter zum Grab des Apostels Jakobus nach Santiago de Compostella zogen (und an ihren Mänteln die Jakobsmuschel trugen), haben ihre kulinarischen Vorlieben mitgebracht. Hauptsächlich von Fischern und Kleinbauern besiedelt, herrscht in der galicischen Küche eine deftige Kost mit viel Rindfleisch, Fisch, Muscheln, Krusten- und Schalentieren vor.
Als Spezialität sind empanadas, gefüllte Brot-

Asturien erstreckt sich von der kantabrischen Küste bis zu den Bergkämmen des Kantabrischen Gebirges. Seiner Lage und einem niederschlagsreichen Seeklima verdankt Asturien eine paradiesische Flora und Fauna.
Lange galt Asturien als arme Region, bewohnt von Bauern, Hirten und Fischern, die sich von Hirse, Mais, Kastanien und Wildfrüchen ernährten. Diese volkstümliche Küche findet sich immer noch in den typischen Eintöpfen wie z. B. der Fabada, einem Bohneneintopf mit Speck und Blutwurst. Einzigartig ist der Käse, für dessen Herstellung dreierlei Milch verwendet wird: vom Rind, vom Schaf und von der Ziege.

Auf ausgedehnten Plantagen reifen herrliche Äpfel heran, aus denen meist Apfelwein gemacht wird. Beim Einschenken dieses Sidra gibt es ein besonderes Ritual: Man hält die Flasche in Kopfhöhe und der Strahl muss aus der Höhe ins Glas fallen, ohne dass ein Tropfen verschüttet wird, was nicht ganz einfach ist!

KANTABRIEN

Kantabrien ist ein fruchtbares Bergland mit viel Milchwirtschaft. In der Küche werden gerne Eintöpfe aus Bohnen, Kohl, Schweinefleisch, Kichererbsen, Blutwurst, Rindfleisch, Schinken, Speck und Paprika serviert. Aber auch Fischspezialitäten wie z. B. Lachs mit Milch oder Sardellen stehen auf dem Speisezettel. Und natürlich dürfen Süßspeisen wie Cremes und Gebäck nicht fehlen!

BASKENLAND

Die Basken, die in Nordspanien am Golf von Biskaya leben, haben den Ruf, die Feinschmecker Spaniens zu sein. Ihre Küche ist eher traditionell und basiert auf Fisch, Meeresfrüchten, Wild, Pilzen, Gemüse und Fleisch. In Spanien ziemlich einzigartig ist die baskische Vorliebe für Soßen. Der getrocknete Kabeljau, auch Klippfisch genannt, und geräucherter Schafskäse sind typische baskische Spezialitäten.

NAVARRA

Die baskische, die französische und die aragonesische Küche hatten seit jeher großen Einfluss auf die Art, wie in Navarra gekocht wurde. Die Einheimischen schätzen besonders die köstlichen Geflügelgerichte. Aus den Bergen kommen vor allem Wildgerichte sowie Lachs und Forellenspezialitäten wie die berühmte Forellensuppe oder die Trucha a la navarra, eine in Wein eingelegte und mit Schinken gefüllte Forelle. Des Weiteren ist Navarra für seine Lamm- und Jungziegenbraten sowie für ausgezeichnete Gemüsegerichte bekannt.

Nicht vergessen darf man die Minestra mit dicken Bohnen, Erbsen, Spargel und Artischocken oder den Roncal, der zu den besten Käsesorten Spaniens gezählt wird.

KASTILIEN UND LEON

In der kastilischen Hochebene kann es im Sommer glühend heiß und im Winter eisig kalt werden. Die nahen Berge und die kalten Winter ließen vor allem nahrhafte Gerichte entstehen. Wenn man von der kastilischen Küche spricht, darf man auf keinen Fall die Kichererbsen vergessen, da sie hier jahrhundertelang ein beinahe täglicher Bestandteil der Mahlzeiten waren. Diese Hülsenfrucht, von den Karthagern nach Spanien eingeführt, ist das wichtigste Element aller kastilischen Eintöpfe. Der berühmte Cocido besteht beispielsweise aus Kichererbsen, Weißkohl und – je nach Geldbeutel – aus Blutwurst, Paprikawurst und Fleisch. Hier kann ein Kenner deutlich die jüdischen, arabischen und christlichen Elemente der Kochkunst erkennen – je nachdem, ob Schweinefleisch oder Lamm bevorzugter Bestandteil der Gerichte ist. Diese Region ist auch bekannt für ihren Käse (Hinjosa del duero) und den rohen Schinken aus Guijelo.

LA RIOJA

Die Weingegend am Ebro verfügt über eine recht abwechslungsreiche Küche, die zahllose aus frischen Gartenprodukten zubereitete Gerichte bietet. Gerne werden Gemüse und Obst, aber auch Schaffleisch, Wild, Geflügel, Schnecken und Pilze verarbeitet. Spezialitäten sind gefüllte rote Paprika (Pimentos rellenos) und Patatas con chorizo, ein Kartoffelgericht mit Wurst.

ARAGONIEN

Viele durchziehende Fremde hinterließen ihre Spuren in der kargen Landschaft und den Kochtöpfen Aragoniens. Hier begegnet uns eine der einfachsten Küchen Spaniens, in der viel Fleisch und wenig Obst verwendet wird. Die Spezialitäten wie in Schokolade angerichtete Rebhühner oder im Ofen gebackener Lammkopf sind nicht nach jedermanns Geschmack – im Gegensatz zu Hähnchen al chilindron,

Schinkenscheiben in Tomatensoße, gebratener Forellen oder in der eisigen Kälte der Berge getrocknetem Schinken. Sehr beliebt sind auch die Tapas: kalt oder warm genossen, als Vor- oder Hauptgang, einfach oder raffiniert gefüllt – der Fantasie der Köche sind keine Grenzen gesetzt!

KATALONIEN

Katalonien, das Tor zu Spanien, war vielen fremden Einflüssen ausgesetzt. Bedingt durch seine geografische Lage stand es seit jeher eng mit Frankreich und Italien in Verbindung. An seiner Küste werden gerne Fische und Meeresfrüchte zubereitet, die Berge liefern außer Wild viele Pilze, die gegrillt, mariniert, gedünstet oder zur Tortilla gereicht werden.

Die katalonische Küche kennt einige sehr typische Eintopfgerichte sowie variantenreiche Fischgerichte. Besonders gerne werden auch Bratengerichte verzehrt. Die Hauptgerichte serviert man häufig mit Varianten der vier katalanischen Grundsoßen:

1. Die Samfaina besteht aus Tomaten, Paprikaschoten und Auberginen.
2. Sofrito ist eine Mischung aus Knoblauch, Zwiebeln, Tomaten und Petersilie.
3. Für die Picada rührt man Koblauch, Petersilie, geröstete Mandeln und zerkleinerte Pinienkerne zusammen.
4. Die berühmteste ist die Aioli, für die man Olivenöl und Knoblauch so lange schlägt, bis eine helle Creme entstanden ist.

Das typische Dessert ist die Crema catalana, eine heute selten gewordene Süßspeise.

MADRID

Obwohl die Hauptstadt Spaniens lange von Habsburgern und Bourbonen beherrscht war, haben es weder die einen noch die anderen verstanden, sich in den Geschichtsbüchern der spanischen Tafelfreuden zu verewigen.

Heute sind in Madrid die Küchen sämtlicher Landesteile bestens vertreten. Viele Zuwanderer aus allen Teilen Spaniens haben ihr Scherflein dazu beigetragen. Als typisch madrileño kann man heute vor allem die Eintopfgerichte bezeichnen. Aber da in dieser Stadt der zweitgrößte Fischmarkt der Welt zu finden ist, haben auch viele Fischgerichte in die Cocina madrileña Einlass gefunden.

Aus Knoblauch, lange als Nahrungsmittel der Armen betrachtet, wird in Madrid eine wahre Köstlichkeit gezaubert: die Sopa de ajo, die Knoblauchsuppe.

EXTREMADURA

Während der Jahrhunderte währenden Reconquista, der Rückeroberung Spaniens durch die Katholischen Könige, lag dieser Landesteil zwischen allen Fronten. Dies hatte allerdings den Vorteil, dass sich christliche, maurische und jüdische Küchenkultur aufs Beste miteinander verband. Zudem siedelten sich im 16. Jahrhundert einige neue Bewohner in der Extremadura an, die zum Teil ihr Glück in der Neuen Welt gemacht hatten und auch dem neuen Gemüse gegenüber aufgeschlossen waren. Bald wurden Mais, Tomaten, Paprika und Kartoffeln angebaut. Würzige Eintöpfe, knusprig gebratene Fleischstücke, marinierte Fische und Wildgemüse stehen bis heute auf dem Speiseplan. Eine berühmte Spezialität ist der Ibérico-Schinken. Auch die Wurstwaren, wie z. B. die Paprikawürste, sind unübertroffen.

KASTILIEN – LA MANCHA

Es ist ein herbes Land, dem Cervantes mit seinem Don Quijote ein Denkmal in der Weltliteratur gesetzt hat. Die Küche dieser Gegend hat ihre Urspünglichkeit bis heute bewahrt. Hier gibt es die nahrhafte Kost der Schafhirten, die ihre Herden bewachen und einfache Gerichte wie den Pisto manchego, einen Eintopf aus roten und

grünen Paprikaschoten, Tomaten, Zwiebeln und etwas Kürbis lieben. Als besondere Spezialität gilt der Queso manchego, ein sehr harter Schnittkäse aus Schafsmilch.

VALENCIA

Schon seit maurischen Zeiten wird in Valencia Reis angebaut, doch verarbeitet man hier dieses einfache Nahrungsmittel so meisterhaft, dass die feinsten Leckerbissen entstehen. Das berühmteste Produkt der Reisköche ist natürlich die Paella, die erst relativ spät, zu Beginn des 19. Jh., erdacht wurde. Ursprünglich war sie ein Gericht der Landarbeiter, die sich mittags in flachen Pfannen Reis kochten.

Es gibt kein einheitliches Rezept für diese Köst-

lichkeit, aber meist wird die Paella aus Huhn, Fleisch, Fisch, Meeresfrüchten, Bohnen und Erbsen zubereitet. Aber es gibt zahllose Varianten z. B. mit Kartoffeln, Tintenfisch, Gemüse oder Kaninchen – je nach Geschmack.

BALEAREN

Die Bewohner der Balearen verwenden beim Kochen viel Gemüse: Kartoffeln, Kohl, Tomaten und Auberginen gedeihen hier sehr gut und können mehrmals im Jahr geerntet werden.

Es gibt über 600 Rezepte, die als typisch balearisch angesehen werden. Neben den vor allem in Spanien beliebten Wurstwaren sind vor allem die vielen Suppen sowie die zahlreichen Gerichte aus Fisch und Meeresfrüchten weithin beliebt.

Doch der bekannteste Beitrag der balearischen zur internationalen Küche ist die Majonäse, die erstmals in der menorquinischen Hauptstadt Mahón zubereitet wurde, und seither kalte und warme Speisen weltweit ziert.

ANDALUSIEN

Eingebettet zwischen Bergen, Atlantik und Mittelmeer konnte in Andalusien eine besonders reiche Küche entstehen. In ihr verbinden sich Winter- und Hirtengerichte mit Gerichten maurischer Tradition und der typisch mediterranen Kost der Küstengebiete. Dies war die letzte Provinz, die die Mauren verließen, deshalb ist in Andalusien der maurische Einfluss besonders gut zu spüren. Auf die Araber ist der gastronomische Reichtum dieser Region zurückzuführen, da sie neue Nutzpflanzen mit nach Spanien brachten: Reis, Zuckerrohr, Auberginen, Honig, Wassermelonen, Feigen, Granatäpfel, Zitrusfrüchte, Pfirsiche, Quitten, Mandeln, Pistazien und Datteln. Die Andalusier übernahmen die Vorliebe, Fisch und Fleisch mit Früchten und Kräutern zu kombinieren. Vor allem aber wurzeln die fantasievollen Süßigkeiten, die Desserts und Backwaren in der arabischen Tradition. In vielen Fällen wurden die Rezepte von den Nonnen der zahlreichen andalusischen Klöster bewahrt und so vor dem Vergessen gerettet.

Auch die Tapas, die mittlerweile in ganz Spanien verbreitet sind, haben in Andalusien, genauer in Sevilla, ihren Ursprung. Doch das andalusische Gericht schlechthin ist Gazpacho, eine kalte Suppe aus Weißbrot, Öl, Gurken, Tomaten, Knoblauch, Paprikaschoten und Gewürzen. In den heißen Sommermonaten ist die eiskalt servierte Gemüsesuppe eine beliebte Mahlzeit.

MURCIA

Auch in Murcia ist die Küche stark arabisch beeinflusst. Ob Paprikaschoten oder Tomaten, ob Oliven oder Feigen – es herrscht ein so mildes Klima, dass das angebaute Gemüse das ganze Jahr hindurch geerntet werden kann. Neben Reisgerichten und Eierspeisen werden auch gerne Eintopfgerichte serviert – und natürlich Süßspeisen wie Feigenbrot, Walnusskuchen, Puddingteilchen und Weinbrezeln.

Weit über die Provinzgrenzen hinaus berühmt sind die Marmeladen aus Murcia.

KANARISCHE INSELN

Deftige Suppen, opulente Eintöpfe, gebratenes Fleisch, gegrillter Fisch: Die Küche der Kanarischen Inseln kombiniert im Wesentlichen die spanische Küche mit afrikanischen und lateinamerikanischen Elementen. Die exotischen Früchte der Inseln bilden die Basis für ausgezeichnete Desserts und Süßspeisen. Einzigartig ist ein auf die Ureinwohner zurückgehendes Nahrungsmittel, das Gofio genannt wird. Es besteht aus verschiedenen gerösteten Getreidearten, die mit Wasser und Milch verarbeitet werden, bis eine Teigkugel entsteht, die an Stelle von Brot zu den Mahlzeiten gereicht wird.

Wir hoffen, dass Sie dieser kleine Spaziergang auf den Geschmack gebracht hat und wünschen Ihnen viel Spaß beim Nachkochen der spanischen Spezialitäten, die wir für Sie zusammengetragen haben.

Qué aproveche! Guten Appetit!

Atlantischer Ozean

La Coruña

Oviedo

Gijó

León

Kanta

Vigo

S

Kastilisc

Portugal

Ta

Tejo

Badajoz

Ce

Sevilla

Huelva

Jerez

Cádiz

Golf von Cádiz

Ma

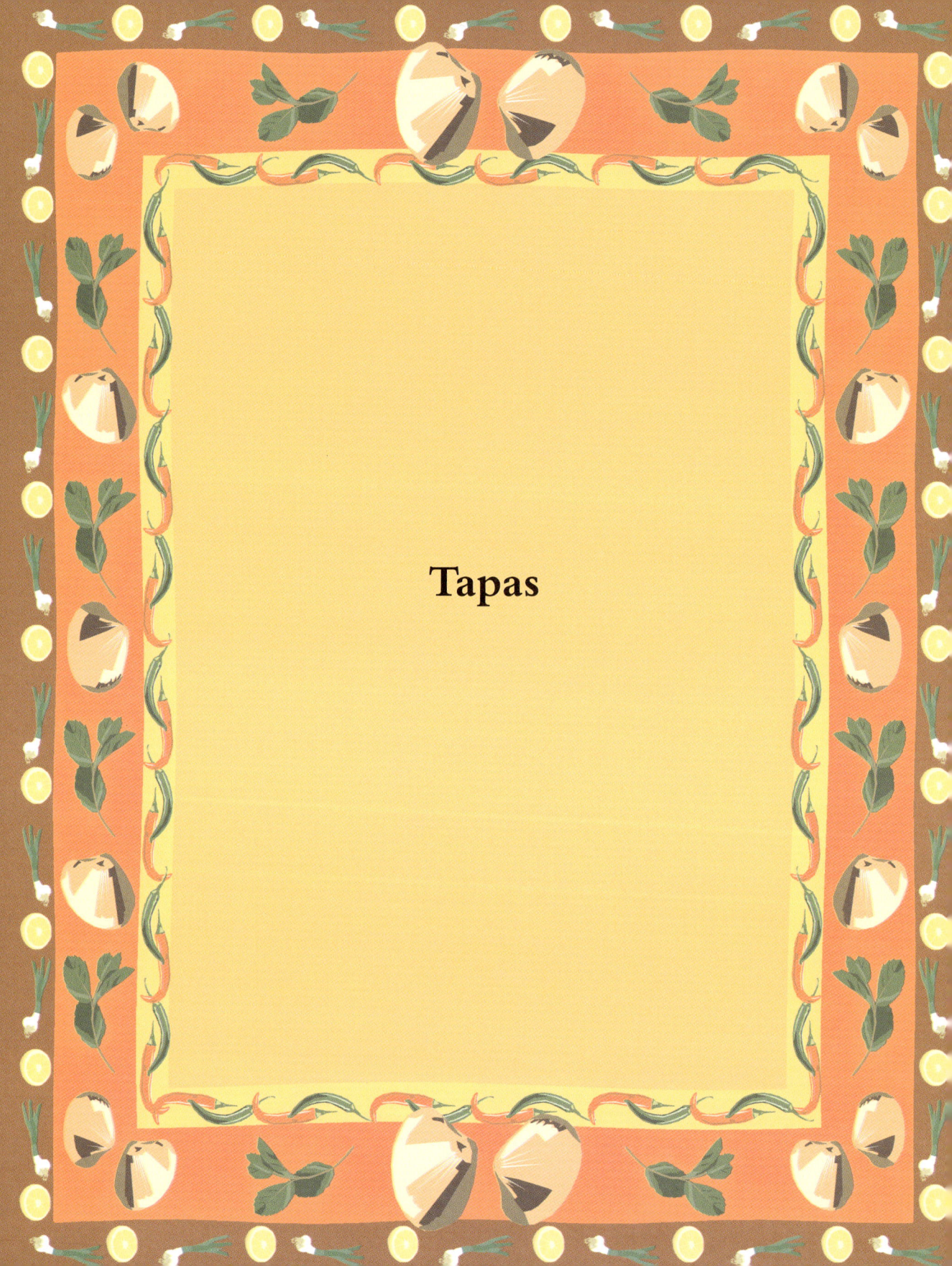

Tapas

Tapas

Begibt man sich abseits der Touristenmeilen nach 18 Uhr in eine kleine Bodega oder Tapa-Bar findet man dort fast ausschließlich Einheimische, die nach Büro- oder Geschäftsschluss bei einem Sherry oder einem Glas Rioja und wunderbaren kleinen Häppchen – den Tapas – den Tag ausklingen lassen. Es ist eine sehr schöne Sitte, aber auch eine kleine Qual. Denn die Auswahl ist schier riesengroß: Frittierte Steinpilze, eingelegter Ziegenkäse, Thunfisch mit Paprika, gefüllte Oliven, gratinierte Muscheln, luftgetrockneter Serranoschinken, scharfe Paprikawurst und noch vieles mehr. Auf dieser und den nächsten Seiten habe ich die schönsten und einfachsten Rezepte für Sie zusammengetragen.

Da in der Regel Tapas mit den Fingern gegessen werden, sollte neben jedem Gedeck eine kleine Schale mit Wasser und Zitrone stehen. Darin kann man nach dem Genuss der kleinen Speisen die Finger baden.

Pimientos del piquillo

GESCHMORTE PAPRIKASTREIFEN

FÜR 4 PERSONEN

Je 3 rote und gelbe Paprika
3 El Olivenöl
5 Knoblauchzehen
10 El natives Olivenöl
3 El Weißweinessig
Schwarzer Pfeffer aus der Mühle

Die Paprika waschen und vierteln. Kerne und weiße Häutchen entfernen. 3 El Olivenöl in einer Pfanne erhitzen und die Paprika auf der Hautseite ca. 10 Minuten braten. Aus der Pfanne heben, auskühlen lassen, die Haut abziehen und die Paprikaviertel in Streifen schneiden.

Den Knoblauch schälen, durch die Knoblauchpresse drücken und mit etwas nativem Olivenöl mischen. Das ist ganz wichtig, damit der Knoblauch nicht oxidiert.

Das restliche Öl mit Essig und schwarzem Pfeffer mischen, die Paprikastreifen dazugeben. In der Pfanne bei kleiner Hitze ca. 5-8 Minuten schmoren. Nun den Knoblauch vorsichtig unterheben. Ausgekühlt in eine Schüssel gelegt, lässt sich diese pikante Vorspeise im Kühlschrank einige Tage aufbewahren.

Geschmorte Paprikastreifen schmecken hervorragend mit kräftigem Brot und einem Glas Rijoa.

Gambas gratinadas

ÜBERBACKENE GAMBAS

FÜR 4 PERSONEN

16 große geschälte Gambas (Riesengarnelen)
2 Fleischtomaten
1 gelbe Paprika
5 El Olivenöl
80 ml Weißwein
Schwarzer Pfeffer aus der Mühle
1 Prise Zucker
1 El gehackte glatte Petersilie
1 gehackte Knoblauchzehe
200 g geriebener harter Schafskäse
(Manchego oder anderer Schafskäse)

Die Gambas unter kalten Wasser abwaschen, am Rücken aufschneiden und den Darm entfernen (schwarzer Faden). Anschließend gut trockentupfen.

Die Tomaten kreuzweise einschneiden und mit heißem Wasser überbrühen. Häuten, vierteln, Kerne entfernen und mit einem großen Messer grob hacken.

Den Paprika waschen, weiße Häutchen und Kerne entfernen. In schmale Streifen schneiden. Das Olivenöl in eine Pfanne geben und erhitzen. Die Paprikastreifen mit den Tomaten ca. 3-5 Minuten im Öl schmurgeln. Weißwein angießen, mit Pfeffer, einer Prise Zucker, Petersilie und Knoblauch mischen.

4 feuerfeste Förmchen mit Olivenöl auspinseln. Die geputzten Gambas darin verteilen und mit der Tomaten-Paprika-Mischung begießen. Den geriebenen Käse darüber streuen.

Im vorgeheizten Backofen bei 220 °C / Gas Stufe 4 ca. 10-12 Minuten überbacken.

Mit feinem Weißbrot und einem Glas trockenem Sherry servieren.

Croquetas de arroz

FRITTIERTE REISBÄLLCHEN

FÜR 4 PERSONEN

---

2 gehackte Zwiebeln
250 ml Olivenöl
100g Rundkornreis (Risottoreis)
125 ml Gemüsebrühe
60 ml Weißwein
3 Safranfäden
100 g geriebener Schafskäse (Manchego
oder anderer Käse)
1 mittelgroßes Ei
Salz
Weißer Pfeffer aus der Mühle
Muskat

Die gehackten Zwiebeln in 3 El Olivenöl glasig dünsten.

Den Reis zufügen, weitere 3 Minuten dünsten. Die Gemüsebrühe, Weißwein und Safranfäden dazugeben. Alles gut vermischen, aufkochen lassen und den Deckel auflegen. Auf kleiner Flamme ca. 20 Minuten garen. Danach den Kessel vom Herd ziehen. Den geriebenen Käse und das Ei unterarbeiten. Mit Salz, Pfeffer und Muskat abschmecken.

Mit einem Löffel kleine Mengen abstechen, mit angefeuchteten Händen kleine Kugeln formen. Es sollten etwa 18-20 Bällchen werden.

Das Olivenöl in einer Pfanne zum Sieden bringen. (Mit einem Holzstäbchen die Temperatur prüfen. Es müssen kleine Bläschen am Holzstäbchen aufsteigen.) Darin die Reisbällchen goldbraun ausbacken.

Lauwarm serviert in einem Salatbett schmecken die Reisbällchen am besten.

Espárragos al lemon

WEISSER SPARGEL MIT ZITRONENSOSSE

FÜR 4 PERSONEN

---

500 g Spargel mit lila Köpfen
1 Prise Zucker
4 Eigelb
4 El trockener Weißwein
2 El Zitronensaft
250 ml geschlagene Sahne
weißer Pfeffer aus der Mühle
Salz

Den Spargel schälen, die holzigen Enden abschneiden. In reichlich Salzwasser mit einer Prise Zucker ca. 10-15 Minuten kochen. Er sollte noch Biss haben. Wasser abgießen und den Spargel auf einer vorgewärmten Platte anrichten. Für die Soße Eigelb, Wein und 2 El Zitronensaft in einem Topf mit dem Schneebesen verrühren. Den Topf in ein Wasserbad stellen und darin erwärmen, dabei ständig rühren. Nach und nach die geschlagene Sahne unterheben. Die Soße wird jetzt cremig, darf aber auf keinen Fall kochen, weil sonst das Eigelb gerinnt. Die Soße mit Salz und weißem Pfeffer abschmecken und über den lauwarmen Spargel gießen.

Dazu passt ein kühler trockener Sherry und Weißbrot. Dieser Spargel ist auch eine schöne Beilage zu Kalbsschnitzelchen.

Calamares con Aioli

FRITTIERTE TINTENFISCHRINGE MIT AIOLI

FÜR 4 PERSONEN

250 g Tintenfischringe (Tiefkühlware)
4 cl trockener Sherry
2 El Zitronensaft
Worcestersoße
Tabasco
Mehl zum Wenden
Weißer Pfeffer aus der Mühle
250 ml Olivenöl
Salz
Zitronenscheiben

Für die Aioli

5 Knoblauchzehen
2 Eigelb
200 ml natives Olivenöl
2 El Zitronensaft
Salz
Weißer Pfeffer aus der Mühle

Die Tintenfische auftauen, unter fließendem Wasser abwaschen und gut trocken tupfen. Aus Sherry, Zitronensaft, Worcestersoße und einigen Spritzern Tabascosoße eine Marinade rühren. Darin die Tintenfischringe ca. 1 Stunde marinieren.

Das Mehl mit Pfeffer vermischen. Darin die abgetropften Tintenfischringe wälzen.

Olivenöl zum Sieden bringen. (Mit einem Holzstäbchen die Temperatur prüfen. Es müssen kleine Bläschen am Holzstäbchen aufsteigen.) Die Tintenfischringe darin frittieren.

Herausnehmen und auf Küchenkrepp entfetten.

Die Knoblauchzehen schälen, durch die Knoblauchpresse in eine Rührschüssel drücken und mit den Eigelb verrühren.

Nach und nach in einem dünnen Strahl das Öl dazugeben und unterschlagen. Wenn die Soße dick wird, den Zitronensaft unterrühren. Alles mit Salz und weißem Pfeffer abschmecken.

Die frittierten Tintenfischringe auf Tellern anrichten und mit der Aioli servieren.

Boquerones fritos

FRITTIERTE SARDELLEN

500 g Sardellen
2 El Mehl
500 ml Olivenöl
Schwarzer Pfeffer aus der Mühle
Salz
4 El natives Olivenöl
3 El Zitronensaft
1 klein gehackte Zwiebel
3 El fein gewiegte glatte Petersilie
1 unbehandelte Zitrone,
in Viertel geschnitten

Die frischen Sardellen unter fließendem Wasser putzen und gut trocknen. Das Mehl mit Pfeffer und Salz mischen, die Sardellen darin wälzen. Überschüssiges Mehl abklopfen.

Das Olivenöl in einer Friteuse erhitzen und die Sardellen darin portionsweise frittieren. Fische herausheben und auf Küchenkrepp entfetten.

Natives Olivenöl mit Zitronensaft, klein gehackter Zwiebel und Petersilie mischen. Kräftig mit schwarzem Pfeffer und Salz abschmecken.

Die Fische mit den Zitronenvierteln auf einer Platte anrichten. Das Öl in ein kleines Schälchen geben. Warmes Weißbrot mit dem Öl beträufeln und zu den Sardellen reichen.

Boletas al ajillo

GEBRATENE STEINPILZE MIT KNOBLAUCH

FÜR 4 PERSONEN

400 g Steinpilze
2 Knoblauchzehen
1 Bund glatte Petersilie
5 El Olivenöl
Salz
Schwarzer Pfeffer aus der Mühle

Die Steinpilze mit einem Bürstchen säubern. Längs in Scheiben schneiden.

Die Knoblauchzehen schälen und in hauchdünne Scheiben hobeln.

Petersilie gut waschen, trocken tupfen und grob hacken. Olivenöl in einer großen Pfanne heiß werden lassen. Darin die Pilze von beiden Seiten goldbraun braten. Erst jetzt mit Salz und Pfeffer würzen. Den Knoblauch und die Petersilie vorsichtig unterheben.

Die Steinpilze noch lauwarm servieren.

Mit knusprigem Weißbrot und einem zusätzlichen Schuss Olivenöl, das man auf die Steinpilze gibt, servieren.

Cebolletas al vinagre de vino

SILBERZWIEBELCHEN IN WEISSWEINMARINADE

FÜR 4 PERSONEN

300 g kleine Zwiebeln
1 Knoblauchzehe
1 Zweig Rosmarin
1 Lorbeerblatt
125 ml Gemüsebrühe
2 El Weißweinessig
125 ml Weißwein
2 El Zucker
Salz
1 Tl schwarze Pfefferkörner
1 rote getrocknete Peperonischote
5 El natives Olivenöl

Die Zwiebeln und die Knoblauchzehe schälen. Bei den Zwiebeln muss der Wurzelansatz stehen bleiben, sonst fallen sie beim Kochen auseinander.

Rosmarinzweig, Lorbeerblatt, Brühe, Essig, Weißwein, Zucker, Salz und Pfefferkörner in einen Topf geben und ca. 5 Minuten im offen Topf kochen. Die Zwiebelchen, die Knoblauchzehe und die Peperonischote dazugeben. Auf kleiner Flamme ca. 10 Minuten sanft köcheln lassen. Von Herd ziehen, erkalten lassen und in ein Glas füllen.

Das native Olivenöl darüber gießen. Das Glas verschließen, die Zwiebelchen darin über Nacht marinieren.

Alubias tiernas

KENIABÖHNCHEN IN ZITRONENSOSSE

FÜR 4 PERSONEN

500 g zarte junge Böhnchen
Salz
5 El Zitronensaft
Weißer Pfeffer aus der Mühle
4 El natives Olivenöl
1 Lauchzwiebel in feine Ringe geschnitten
1/2 Bund fein gewiegte Petersilie
(einige Blätter zum Anrichten zurückbehalten)
1 rote Peperoni klein geschnitten; ohne Kerne

Die Keniabohnen putzen, waschen, in der Mitte durchschneiden. In reichlich Salzwasser ca. 12 Minuten kochen. Sie sollten noch Biss haben. Nach dem Kochen abgießen, in Eiswasser abschrecken (so behalten sie ihre schöne Farbe) und gut abtropfen lassen. Bohnen auf einer Platte anrichten.

Zitronensaft und weißen Pfeffer mit Olivenöl verrühren. Lauchzwiebelringe und Petersilie unterheben. Die Soße über die Bohnen geben. Alles mit der klein geschnittenen Peperoni bestreuen. Mit den restlichen Petersilienblättern garnieren und servieren.

Navajas

GEDÜNSTETE SCHWERTMUSCHELN

PRO PERSON 3 SCHWERTMUSCHELN

12 Schwertmuscheln
1 Stange Porree
1 Lorbeerblatt
125 ml Weißwein
100 ml Wasser
1 Tl weiße Pfefferkörner

Schwertmuscheln unter fließendem Wasser gründlich waschen.

Die Porreestange putzen, seitlich längs aufschneiden und unter fließendem Wasser den Sand auswaschen. Anschließend in feine Ringe schneiden.

Porreeringe, Lorbeerblatt, Weißwein, Wasser und Pfefferkörner in einen Topf geben und aufkochen. Die Muscheln mit einem Dünstsieb auf den Sud setzten. Den Topfdeckel auflegen und die Muschel ca. 8-10 Minuten dünsten.

Zum Servieren die obere Muschelhälfte jeweils abnehmen. Muscheln mit Zitronenvierteln auf Tellern anrichten.

Cordero al asador

LAMMSPIESSCHEN

FÜR 4 PERSONEN

700 g Lammfilet
150 ml Olivenöl
80 ml trockener Sherry
2 Tl Pimentón (spanisches Paprikagewürz)
1 Tl gemahlener Kreuzkümmel
Salz
Schwarzer Pfeffer aus der Mühle

Das Lammfilet in kleine Würfel scheiden. Aus Olivenöl, Sherry, Pimentón, Kreuzkümmel, Salz und Pfeffer eine Marinade rühren. Die Marinade über die Fleischwürfel geben und ca. 2 Stunden darin ziehen lassen.

Danach die Fleischwürfel auf vier Stahlspieße stecken. Bei mittlerer Hitze auf dem Grillrost knapp 10 Minuten grillen. Hin und wieder wenden und mit der restlichen Marinade bestreichen.

Mejillones gratinados

GRATINIERTE MIESMUSCHELN

2 kg Miesmuscheln
250 ml Wasser
250 ml Weißwein
1 Tl Salz
1 Lorbeerblatt
1 El schwarze Pfefferkörner
1 Dose geschälte Tomaten
1 El schwarze Oliven, entkernt
und in kleine Stücke geschnitten
1 El grüne Oliven, entkernt
und in kleine Stücke geschnitten
1 El Kapern
3 El natives Olivenöl
2 gepresste Knoblauchzehen
Schwarzer Pfeffer aus der Mühle
Salz
100 g geriebener Schafskäse
1 kg Salz für das Backblech

Die Muscheln unter fließendem Wasser waschen und gründlich abbürsten. Dabei die Bartfäden entfernen. Nur geschlossene Muscheln verwenden.

Das Wasser mit Weißwein, Salz, Lorbeerblatt und den Pfefferkörnern in einen hohen Topf füllen und zum Kochen bringen. Die geputzten Muschen hinzugeben und im geschlossenem Topf bei starker Hitze ca. 10 Minuten kochen. Den Topf gelegentlich rütteln.

Die geöffneten Muschen aus dem Sud heben. Die obere Muschelschale abbrechen. Die untere Schale mit dem Muschelfleisch auf ein mit Salz bestreutes Backblech setzen.

Die geschälten Tomaten aus der Dose über einem Sieb abgießen. Den Saft anderweitig verwenden. Die Tomaten zerdrücken, mit Oliven, Kapern, Olivenöl, Knoblauch, Pfeffer und Salz vermischen. Die Masse mit einem Teelöffel auf dem Muschelfleisch verteilen.

Den geriebenen Käse darüber streuen. Bei 200 °C im vorgeheizten Backofen mit eingeschaltetem Grill ca. 5 Minuten überbacken.

Dazu schmeckt frisches Weißbrot und ein kühles Glas Weißwein.

Papas arrugadas con mojo

SCHRUMPELKARTOFFEL MIT SCHARFER ROTER SOSSE

FÜR 4 PERSONEN

1 kg kleine Kartoffeln
2 El grobes Meersalz

Die Kartoffeln gründlich waschen. Ungeschält in einen Topf geben. Nur so viel Wasser angießen, dass die Kartoffeln gerade bedeckt sind. Das Salz hinzufügen. In 20 Minuten sind die Kartoffeln gar. Das Kochwasser abgießen, den Topf wieder auf den Herd stellen. Das restliche Wasser muss jetzt verdampfen, damit sich auf den Kartoffeln eine Salzschicht bildet.
Den Topf mehrmals hin und her rütteln.
Dazu reicht man die scharfe Soße.

Für die scharfe rote Soße:

3-4 getrocknete rote Paprikaschoten
1 Messerspitze gemahlener Kreuzkümmel
1 Tl Pimentón (spanisches Paprikagewürz)
4 gepresste Knoblauchzehen
1 getrocknete rote Chilischote ohne Kerne
Salz
250 ml natives Olivenöl
1 Tl Semmelbrösel
Balsamico Essig zum Abschmecken

Die getrockneten Paprika in warmem Wasser 15-20 Minuten einweichen. Herausnehmen und grob zerkleinern. In einen Rührbecher Paprikaschoten, Kreuzkümmel, Pimentón, Chilischote und Salz füllen. Mit dem Pürierstab aufschlagen. Das Öl nach und nach dazugeben. Den Teelöffel Semmelbrösel mit einarbeiten. Wenn die Soße eine cremige Konsistenz hat, mit ein wenig Balsamico abschmecken.
Die Soße zu den noch heißen Schrumpelkartoffeln servieren.

Olivas con anchovas

SCHWARZE OLIVEN MIT SARDELLENCREME

FÜR 4 PERSONEN

100 g Sardellenfilets in Olivenöl
2 hart gekochte Eigelb
500 g große entsteinte schwarze Oliven
2 El weißer Balsamico-Essig
4 El natives Olivenöl
1 Tl getrockneter Estragon
Schwarzer Pfeffer aus der Mühle
2 gehackte Knoblauchzehen

Die Sardellenfilets mit dem Eigelb pürieren und in die Oliven füllen.

Die Oliven in eine tiefe Schale legen. Essig, Öl, Kräuter, Pfeffer und Knoblauch verrühren und über die gefüllten Oliven gießen.

Mit Folie abdecken und über Nacht im Kühlschrank marinieren lassen.

Higadillo picado

GEHACKTE GEFLÜGELLEBER

FÜR 4 PERSONEN

500 g Geflügelleber
3 El Olivenöl
3 hart gekochte Eier
2 Zwiebeln
Schwarzer Pfeffer aus der Mühle
Salz
1 Tl Thymianblättchen, im Mörser zerrieben

Die Leber putzen und im Öl nicht zu scharf anbraten. Die Hitze reduzieren und etwa 20 Minuten mehr dünsten als braten.

Die Leber, die Eier und die Zwiebeln fein hacken und mit Pfeffer, Salz und Thymian würzen. So lange rühren, bis eine cremige Masse entsteht. Auf kleinen Schwarzbrotscheiben servieren.

Sardinas a la parilla

GEGRILLTE SARDINEN MIT KNOBLAUCHCREME

FÜR 4 PERSONEN

16 Sardinen
5 Knoblauchzehen

Für die Knoblauchcreme:
5 Knoblauchzehen
4 Eigelb
300 ml natives Olivenöl
Saft von 2 Zitronen
1 Bund fein gewiegte glatte Petersilie
Weißer Pfeffer aus der Mühle
Salz
1 Tl Pimentón

Die Sardinen beim Fischhändler ausnehmen lassen. Unter fließendem Wasser waschen, anschließend gut trocken tupfen. In jeden Fisch 2 Einschnitte machen. Knoblauch schälen, feinblättrig schneiden und in jeden Fischeinschnitt ein Blättchen Knoblauch schieben. Ein Backgitter mit Alufolie auslegen und die Fische darauf verteilen. Den Backofengrill auf 250 °C einstellen und die Fische von jeder Seite ca. 2 Minuten grillen. Aus dem Backofen nehmen und auf eine Platte legen.

Für die Knoblauchcreme die Knoblauchzehen zerdrücken und mit dem Eigelb mischen.
Mit dem Stabmixer aufschlagen und in einem feinen Strahl das Olivenöl zugießen. Den Zitronensaft vorsichtig dazugeben. Mit Petersilie, Pfeffer, Salz und Pimentón würzen.
Die Knoblauchcreme in eine kleine Schale füllen und zu den Sardinen servieren.

Empanada gallega de aves

GALICISCHE TEIGPASTETE MIT GEFLÜGELFÜLLUNG

FÜR 4 PERSONEN

Für den Teig:

500 g Mehl
1 El Weißwein
1 Tl Olivenöl
1 El Butterschmalz
Salz
1 Prise Zucker

Fett für die Springform
Mehl für die Arbeitsfläche
Eigelb zum Bestreichen

Für die Füllung:

5 El Olivenöl
500 g Hähnchenbrustfilet, in feine Streifen geschnitten
2 fein gehackte große Zwiebeln
3 fein gehackte Knoblauchzehen
2 gelbe Paprikaschoten, in Würfel geschnitten
150 g Chorizo-Wurst, in Scheiben geschnitten
3 El Tomatenmark
Salz
Schwarzer Pfeffer aus der Mühle
1 Tl Pimentón oder edelsüßes Paprika
2 El fein gewiegte Petersilie

Das Mehl in eine große Schüssel sieben. In die Mitte eine Mulde drücken. Weißwein, Olivenöl, Butterschmalz, Salz, Zucker und 2 El lauwarmes Wasser in die Mulde füllen. Mit den Händen den Teig von außen nach innen kneten. Er sollte elastisch sein. Nach dem Kneten zu einer Kugel formen und im Kühlschrank etwa 1 Stunde ruhen lassen.

Die Arbeitsfläche mit Mehl bestäuben. Den Teig in zwei Hälften teilen. Eine Hälfte auf der Arbeitsfläche ausrollen und in die ausgefettete Form legen. Es sollte ein Rand überstehen bleiben.

Die andere Hälfte so ausrollen, dass sie einen passenden Deckel für unsere Pastete ergibt.

Das Olivenöl in einer großen Pfanne erhitzen. Das Hähnchenbrustfleisch darin portionsweise anbraten. Das Fleisch aus der Pfanne heben.

Zwiebeln, Knoblauch, Paprikawürfel und die Chorizoscheiben im restlichen Fett ausbraten. Die Hühnerbruststreifen wieder dazugeben, mit Tomatenmark, Salz, Pfeffer und Pimentón würzen.

Die Füllung auf den vorbereiteten Teig geben. Mit dem Teigdeckel verschließen. Die Ränder gut zusammendrücken. Mit verquirltem Eigelb bestreichen und im vorgeheizten Backofen bei 180 °C in knapp 30 Minuten goldbraun backen. Etwas auskühlen lassen, in Tortenstücke schneiden und mit einem vollmundigen spanischen Rotwein servieren.

Suppen

Suppen

Olla Podrida

GROSSER SUPPENTOPF MIT FLEISCH

FÜR 4 PERSONEN

150 g getrocknete Kichererbsen
150 g getrocknete gelbe Erbsen
250 g Rinderbeinscheibe
500 g durchwachsene Schweinerippe
1 Hühnerbein
1 Schweinefuß
1 Schweineohr
100 g geräucherter Speck mit Schwarte
1 große Zwiebel, gespickt mit 2 Lorbeerblättern
2 Nelken
2 gelbe Rüben, in grobe Stücke geschnitten
2 Petersilienwurzeln, in grobe Stücke geschnitten
3 Frühlingszwiebeln
2 Chorizo-Würste,
2 Tl Pimentón (spanisches Paprikagewürz)
3 Knoblauchzehen, gehackt
Salz
Schwarzer Pfeffer aus der Mühle
5 El natives Olivenöl

Die Kichererbsen mit den gelben Erbsen über Nacht in reichlich kaltem Wasser einweichen.

Zum Kochen die eingeweichten Hülsenfrüchte mit dem Einweichwasser, der Rinderbeinscheibe, der durchwachsenen Schweinerippe, dem Hühnerbein, dem Schweinefuß, dem Schweineohr und dem geräucherten Speck in einen sehr großen Topf füllen und so viel Wasser angießen, dass alles vom Wasser bedeckt ist. Die gespickte Zwiebel zufügen, Deckel auf dem Topf legen und aufkochen. Danach die Hitze herunterschalten und ca. 2 Stunden köcheln.

Die Fleischstücke aus der Suppe heben und in mundgerechte Stücke schneiden.

Nun Rüben, Petersilienwurzeln, Frühlingszwiebeln und Pimentón in die Brühe rühren. Das Fleisch wieder zufügen.

Die gehackten Knoblauchzehen mit Salz im Mörser zerreiben. Mit dem Pfeffer und dem Olivenöl zur Suppe geben. Noch einmal aufkochen und eventuell erneut mit Pfeffer und Salz abschmecken. Mit kräftigem Brot servieren!

Sopa de pescado

FISCHSUPPE

FÜR 4 PERSONEN

500 g geschälte Tomaten (aus der Dose)
2 rote Paprikaschoten
2 gelbe Paprikaschoten
3 Zwiebeln
3 Knoblauchzehen
5 El natives Olivenöl
100 g Reis
750 ml Wasser
250 ml Weißwein
1 Tl frische Thymianblättchen
1 Tl frische Rosmarinnadeln
1 Tl Salz
Schwarzer Pfeffer aus der Mühle
500 g gemischtes Fischfilet (Rotbarsch, Seelachs, Thunfisch)
1 El Zitronensaft
1 El frische Petersilie, gehackt

Die Tomaten abgießen (Saft anderweitig verwenden) und in kleine Stücke schneiden. Paprikaschoten waschen, weiße Häutchen und Kerne entfernen und in schmale Streifen schneiden. Die Zwiebeln und die Knoblauchzehen schälen, fein würfeln und in Olivenöl glasig braten. Reis, Paprikastreifen und die Tomatenstücke hinzufügen. Alles bei starker Hitze etwa 5 Minuten braten. Wasser und Wein zugießen, mit Pfeffer, Salz, Thymian und Rosmarin würzen. Den Deckel auf den Topf legen, bei mittlerer Hitze ca. 25 Minuten köcheln lassen.

Die Fischfilets waschen, gut trockentupfen, in Stücke schneiden und mit Zitronensaft beträufeln. Die Fischstücke 5 Minuten in der Suppe bei schwacher Hitze garen.

Nochmals abschmecken und mit Petersilie bestreut servieren.

Sopa de judias blancas

BAUERNSUPPE

FÜR 4 PERSONEN

250 g große getrocknete weiße Bohnen (Saubohnen)
1 Schinkenknochen (beim Metzger vorbestellen)
Salz
Weißer Pfeffer aus der Mühle
Edelsüßes Paprikapulver
1 El getrocknetes Bohnenkraut
500 g Kartoffeln, geschält und gewürfelt
250 g Wirsing, geputzt, in Streifen geschnitten
250 g Grünkohl (nur das Grüne vom Kohl),
in feine Streifen geschnitten
3 Chorizo-Würste, in dicke
Scheiben geschnitten

Die Bohnen über Nacht in einer großen Schüssel in kaltem Wasser einweichen.

Vom Einweichwasser 2 Liter abnehmen, darin die Bohnen mit dem Schinkenknochen etwa 1 $\frac{1}{2}$ Stunden kochen. Mit Salz, weißem Pfeffer, Paprikapulver und Bohnenkraut würzen.

Den Schinkenknochen entfernen.

Die Kartoffeln, Wirsing, Grünkohl und die Chorizo-Würste zu den Bohnen geben und weitere 30 Minuten köcheln. Die Suppe noch einmal mit Pfeffer und Salz abschmecken.

In Suppenschalen mit kräftigem Bauernbrot zu Tisch bringen

„Iß weder Knoblauch, noch Zwiebel, denn ihr Geruch verrät den Bauern in dir."
Don Quijote zu seinem Knappen Sancho Panza / Miguel de Cervantes

Wir setzen uns über diesen (weisen) Rat hinweg, denn es wäre einfach zu schade, sich diese wohlschmeckende Suppe entgehen zu lassen. Sie ist so köstlich und so schnell zubereitet, dass Sie sie in Ihr ständiges Kochrepertoire aufnehmen sollten.

Sopa de ajos

KNOBLAUCHSUPPE

FÜR 4 PERSONEN

10 Scheiben altbackenes Weißbrot (Toastbrot)
5 El natives Olivenöl
8-10 Knoblauchzehen, im Mörser mit Salz zerrieben
1 Tl Rosenpaprika
1 Tl Pimentón (spanisches Paprikagewürz)
Salz
Weißer Pfeffer aus der Mühle
1 l Gemüsebrühe (Instant)
4 Eier

Das Weißbrot übereinander legen, in gleichmäßige Würfel schneiden. Das Olivenöl in einer Pfanne erhitzen, darin die Brotwürfel von allen Seiten goldbraun braten.

Den Knoblauch zufügen, gut mit den Brotwürfeln vermischen. Der Knoblauch darf nicht zu braun werden, er wird sonst bitter. Mit Paprika, Pimentón, Salz und Pfeffer würzen und die Gemüsebrühe angießen. Auf kleiner Flamme ca. 15 Minuten köcheln lassen.

Die Suppe auf vier feuerfeste Suppentassen verteilen. In jede Tasse ein aufgeschlagenes Ei gleiten lassen und im auf 200 °C vorgeheizten Backofen ungefähr 15 Minuten backen.

Die Suppentassen auf Unterteller stellen und so heiß wie möglich servieren.

Fabada asturiana

FEURIGER BOHNENTOPF

FÜR 4 PERSONEN

300 g getrocknete weiße Bohnen
300 g grüne Bohnen, geputzt und halbiert
300 g durchwachsener, geräucherter Bauchspeck, in
dicke Scheiben geschnitten
300 g Kürbisfleisch, gewürfelt
2 Möhren, geschält in Scheiben geschnitten
3 Kartoffeln, geschält und gewürfelt
1 Tasse Kürbiskerne
1 Zwiebel, fein gehackt
5 El Olivenöl
2 Tomaten, geschält, ohne Kerne in Würfel
geschnitten
3 Knoblauchzehen, gehackt
1 Tl Rosenpaprika
1 Tl Pimentón
Schwarzer Pfeffer aus der Mühle

Die weißen Bohnen 24 Stunden einweichen. Danach in einem großen Topf in Salzwasser ca. 45 Minuten kochen. Die grünen Bohnen, den Bauchspeck, Kürbisfleisch, Möhren und Kartoffeln unterrühren. Weitere 20 Minuten köcheln.

In einer Pfanne 2 El Olivenöl erhitzen und darin die Kürbiskerne anrösten. Mit einer Schaumkelle aus der Pfanne heben und auf Küchenpapier entfetten.

Das restliche Olivenöl in die Pfanne geben, darin die Zwiebeln glasig dünsten. Die Tomaten, den Knoblauch und alle Gewürze zufügen. Bei kleiner Hitze ca. 10 Minuten schmurgeln. Die Zwiebel-Tomatenmischung in die Suppe rühren. Eventuell noch einmal mit Pfeffer und Salz abschmecken.

Die Suppe in Teller füllen, mit den gerösteten Kürbiskernen bestreuen und servieren.

Wer schon einmal einen glühend heißen Sommer in Spanien erlebt hat, weiß eine kalte, erfrischende Suppe wie die Gazpacho zu schätzen. Gazpacho sättigt, löscht den Durst und führt dem Körper die durch das Schwitzen in der sengenden Sonne verlorene Flüssigkeit wieder zu. Wie viele andere Gerichte aus den südlichen Gefilden, steht und fällt diese Suppe mit der Qualität ihrer Zutaten. Würzige ausgereifte Tomaten, Knoblauch, der so frisch ist, dass sich noch keine richtigen Häutchen zwischen den einzelnen Zehen gebildet haben, und Olivenöl von höchster Qualität, sollten hier Verwendung finden.

Gazpacho

KALTE GEMÜSESUPPE

FÜR 4 PERSONEN

3 Scheiben Weißbrot ohne Rinde
500 ml Gemüsebrühe
500 g Tomaten, geschält, entkernt und grob gehackt
1 Scharlotte, grob gehackt
1 Schlangengurke, geschält, entkernt und grob gehackt
1 gelbe Paprikaschote, geputzt und grob gewürfelt
4 Knoblauchzehen
125 ml natives Olivenöl
Salz
Weißer Pfeffer aus der Mühle
Sherry-Essig nach Geschmack

Das Weißbrot in eine Schüssel bröseln, mit 3 El der Gemüsebrühe beträufeln. Die Brotbrösel müssen mindestens 30 Minuten ziehen. Tomaten, Zwiebel, Schlangengurke, Paprikaschote, Knoblauchzehen und Olivenöl in den Mixer geben. Darauf die Brotbrösel verteilen. Alles zu einer cremigen Masse aufschlagen. Nach und nach die Gemüsebrühe angießen. Man muss nicht die gesamte Brühe verarbeiten, denn die Gazpacho darf nicht zu dünnflüssig werden.
Mit Salz und Pfeffer würzen. Die Suppe für mindestens 1 Stunde in den Kühlschrank stellen.
In Suppenschalen füllen. Wer mag, sprüht aus einem Essigzerstäuber einen Hauch Sherry-Essig auf die Suppe.
Dazu reicht man in kleinen Schälchen Würfel von geröstetem Weißbrot, Chorizowurst, Schlangengurken, Paprika, gehackte harte Eier und was man sonst noch mag.
Dazu passt Weißbrot und ein trockener Sherry.

Ajo blanco

KALTE MANDELSUPPE

FÜR 4 PERSONEN

3 Scheiben getoastetes Weißbrot
150 g geschälte Mandeln
2 Knoblauchzehen
125 ml natives Olivenöl
250 ml Mandelmilch
2 El weißer Sherry-Essig
Salz
Weißer Pfeffer aus der Mühle
2 reife Feigen

Das Weißbrot mit kaltem Wasser beträufeln, gut ausdrücken und mit den geschälten Mandeln und dem Knoblauch in den Mixer geben. Aufmixen und das Olivenöl langsam einarbeiten. Nach und nach die Mandelmilch dazugeben. Die Konsistenz der Suppe sollte dickflüssig-cremig sein. Mit Sherry-Essig, Pfeffer und Salz abschmecken.

Die Feigen waschen, in dünne Scheiben schneiden und auf dem Tellerrand der Suppenteller verteilen, so dass die Scheiben zum Teil in der Suppe liegen, und zum Teil noch herausschauen.

Fisch und Meeresfrüchte

Fisch und Meeresfrüchte

Von drei Meeren umgeben – Kantabrisches Meer, Atlantik und Mittelmeer – bietet die Iberische Halbinsel dem Liebhaber von Fisch und Meeresfrüchten ein unerschöpfliches Schlemmerparadies. Spanien liegt im weltweiten Fischverzehr an zweiter Stelle hinter Japan.

Aus dieser landesweiten Vorliebe für Fisch sind unzählige köstliche Zubereitungsarten entstanden: Gegrillt, gebraten, gedünstet, gekocht, gratiniert oder mit einer Knoblauchmajonäse und frischen Zitronenschnitzen serviert sind die angebotenen Speisen wahre Gaumenschmeichler.

Merluza a la gallega

SEEHECHT AUF GALICISCHE ART

FÜR 4 PERSONEN

1 kg Seehecht am Stück
150 ml Olivenöl
150 g gehackte Zwiebeln
5 gehackte Knoblauchzehen
1 El gehackte Petersilie
1 Messerspitze Cayennepfeffer
2 kg Kartoffeln, geschält und in Scheiben geschnitten
1 El Speisestärke
250 ml Weißwein
Salz
5 schwarze Pfefferkörner
1 Gewürznelke
3 Lorbeerblätter
1 Tl Thymianblättchen
1 unbehandelte Zitrone

Den Fisch gut säubern und mit der stumpfen Seite vom Messer die Schuppen entfernen. Mit einem scharfen Messer gleichmäßige, etwa 3 cm dicke Scheiben schneiden und salzen.

In einer Kasserolle das Olivenöl erhitzen. Darin die gehackten Zwiebeln Farbe nehmen lassen. Knoblauch, Petersilie und Kartoffeln unterrühren. Mit Speisestärke bestäuben. Alles kurz andünsten. Jetzt den Weißwein angießen und mit so viel Wasser auffüllen, dass der Topfinhalt knapp bedeckt ist. Salz, Pfefferkörner, Gewürznelke, Lorbeerblätter und Thymianblättchen zufügen und gut unterheben. Den Deckel auf die Kasserolle legen und 15 Minuten köcheln lassen. Wenn die Kartoffelscheiben gar sind, werden die gesalzenen Fischscheiben auf das Gemüsebett gelegt. Ohne Deckel für 15 Minuten in den auf 200 °C vorgeheizten Backofen schieben.

Mit Zitronenspalten garnieren und in der Kasserolle servieren.

Salmón al champán

LACHS IN CHAMPAGNERSOSSE

FÜR 4 PERSONEN

400 g reife Strauchtomaten
80 g Butter
1 Zwiebel, geschält und gewürfelt
1 Lorbeerblatt
1 El Estragon, fein gehackt
1 El Thymian
Salz
Weißer Pfeffer aus der Mühle
500 ml trockener Cava oder anderer Sekt
1 Tl Krebsbutter (Fertigprodukt)
4 Scheiben Lachsfilet
1 El Mehl
2 El süße Sahne

Die Tomaten waschen und in Würfel schneiden (Kerne entfernen). Die Hälfte der Butter in einer Pfanne erhitzen. Die Zwiebelwürfel darin glasig dünsten, Tomaten, Lorbeerblatt, Estragon und Thymian zufügen. Alles 5 Minuten dünsten, mit Salz und Pfeffer abschmecken.

Einen Viertelliter Sekt angießen und die Krebsbutter darin auflösen. Die Soße mit dem Stabmixer aufschäumen und in eine feuerfeste Form gießen; die Lachsfilets auflegen. Den restlichen Sekt angießen und im vorgeheizten Backofen bei 180 °C 30 Minuten backen.

Die Filets aus der Form heben, auf einer vorgewärmten Platte, mit Alufolie abgedeckt, in den ausgeschalteten Backofen setzen.

Die restliche Butter in einer Pfanne schmelzen, darin das Mehl anschwitzen und mit der Soße aufgießen. Kurz einkochen und über die Lachsfiletscheiben geben.

Dazu passt ein körniger Reis und als Getränk sollte der gleiche Sekt, der bereits zum Kochen verwendet wurde, gereicht werden.

Trucha con jamón

SCHINKENFORELLEN

FÜR 4 PERSONEN

4 frische Forellen, küchenfertig
4 Scheiben Serrano-Schinken
Salz
Weißer Pfeffer aus der Mühle
3 El Mehl
50 g Butter
2 El gehackte Petersilie
1 unbehandelte Zitrone

Die Forellen waschen und mit Küchenkrepp trocken tupfen. Den Schinken der Länge nach rollen und in den Forellenbauch schieben. Fische von außen salzen, pfeffern und im Mehl wenden.

Die Butter in einer großen Pfanne erhitzen, darin die Forellen von beiden Seiten goldbraun braten.

Die Petersilie in die Pfanne geben, mit der Butter vermischen und über die Forellen träufeln.

Mit Zitronenschnitzen servieren.

Sopa de frutos del mar

SUPPE AUS MEERESFRÜCHTEN

FÜR 4 PERSONEN

Salz
1 große fest kochende Kartoffel, in Würfel geschnitten
5 Riesengarnelen, ungeschält
300 g Venusmuscheln
400 g Lotte (Seeteufel), wenn möglich Mittelstück ohne Haut
1 Zwiebel, geschält und gewürfelt
300 g Flaschentomaten (frisch oder aus der Dose), gehackt
4 El Olivenöl
Schwarzer Pfeffer aus der Mühle
4 El saure Sahne
2 gepresste Knoblauchzehen
1 El Petersilie

Reichlich Salzwasser aufkochen (ca. 1 ½ Liter). Die gewürfelte Kartoffel in das kochende Wasser geben, aufkochen lassen. Die Garnelen dazugeben. Nach zwei Minuten Kochzeit die Garnelen wieder aus dem Topf heben und beiseite stellen. Hitze auf kleine Stufe zurückschalten.

Die Venusmuscheln gründlich waschen, den Bart entfernen. Beschädigte oder geöffnete Muscheln entsorgen. Muscheln und Lotte in den Sud zu den Kartoffelwürfeln geben. Bei kleiner Flamme etwa 10 Minuten ziehen lassen.

In einer Pfanne Olivenöl erhitzen. Zuerst die Zwiebel goldbraun dünsten, dann die gehackten Tomaten dazugeben. Mit Pfeffer und Salz würzen.

Lotte, Muscheln und die Kartoffelwürfel aus dem Sud heben. Das Muschelfleisch aus den Schalen lösen (nicht geöffnete Muscheln entsorgen), die Lotte in kleinere Stücke schneiden, die Panzer der Garnelen entfernen. Die Garnelen am Rücken längs aufschneiden und den Darm (schwarzer Faden) entfernen.

Muschelfleisch, Lotte und Garnelen mit der Zwiebel-Tomatenmischung in den Kochsud geben. Gut unterrühren, nochmals 5 Minuten köcheln.

Kartoffelwürfel mit der sauren Sahne begießen und zerdrücken. Zum Binden in die Suppe geben. Nun Knoblauch und Petersilie einrühren. Zum Schluss die Suppe noch einmal mit Pfeffer und Salz abschmecken.

Auf Mallorca serviert man diese Suppe in Tonschalen und reicht Weißbrot dazu.

Sopa de ostras

SUPPE MIT FRISCHEN AUSTERN

FÜR 4 PERSONEN

24 Austern
1 l Fischfond (aus dem Glas)
Salz
Weißer Pfeffer aus der Mühle
3 El Olivenöl
2 Scheiben Weißbrot, gewürfelt

Die gut geschlossenen Austern werden unter fließendem kalten Wasser gründlich abgebürstet und anschließend auf einem Tuch getrocknet. Die Austern mit dem Austernbrecher, einem besonderen Messer mit stumpfer kräftiger Klinge, aufbrechen. Legen Sie die Auster dazu mit der gewölbten Seite nach unten auf ein mehrfach gefaltetes feuchtes Küchentuch.

Den Austernbrecher an der spitzen Seite der Auster ansetzen und mit einem kräftigen Ruck zwischen die Schalen schieben. Dabei darf keine Flüssigkeit verschüttet werden. Falls es doch passiert, sollten Sie das austretende Meerwasser auffangen. Nun mit einem Messer den Schließmuskel entlang fahren und das Austernfleisch auslösen.

Das gesamte Fleisch zum Pürieren in den Mixer geben. Mit Fischfond und der Austernflüssigkeit mischen. Mit etwas Pfeffer und Salz abschmecken und in einen Topf füllen. Auf kleiner Flamme ca. 20 Minuten köcheln.

In dieser Zeit das gewürfelte Weißbrot in der Pfanne in Olivenöl goldbraun rösten.

Die fertige Suppe mit einem Stabmixer aufschäumen, in Teller füllen und mit den gerösteten Brotwürfeln bestreut servieren.

Bacalao con patatas

STOCKFISCHTOPF MIT KARTOFFELN

FÜR 4 PERSONEN

---

1 kg Stockfisch
250 ml Olivenöl
4 Knoblauchzehen
2 Zwiebeln, geschält und gewürfelt
2 Knoblauchzehen, geschält
3 Knoblauchzehen, geschält und gehackt
750 g Kartoffeln, geschält und gewürfelt
je 1 rote und gelbe Paprikaschote,
geputzt und gewürfelt
5 große Fleischtomaten, geschält,
ohne Kerne gewürfelt
Salz
Schwarzer Pfeffer aus der Mühle
1 El gehackte glatte Petersilie
einige Thymianblättchen

Den Stockfisch in kleine Stücke brechen und rund 36 Stunden wässern. Das Wasser mehrmals wechseln. Die Fischstücke gründlich unter fließendem Wasser waschen.

Vom Olivenöl die Hälfte in einem feuerfesten Tontopf auf kleiner Flamme erhitzen. 2 ganze Knoblauchzehen dazugeben, anbraten und die Stockfischstücke zufügen. Den Tontopf immer nur schwenken. Nie mit einem Kochlöffel die Stücke bewegen. Die aus dem Fisch austretende Gelatine sollte sich mit dem Olivenöl zu einer cremigen Soße verbinden.

In einer Pfanne den gehackten Knoblauch mit den gewürfelten Kartoffeln im restlichen Olivenöl braten. Paprikaschoten, Tomaten, Salz und Pfeffer zufügen. Alles gut vermischen und so lange köcheln lassen, bis die Feuchtigkeit verdampft ist.

Nun das Gemüse zum Stockfisch in den Tontopf füllen und vorsichtig unterrütteln. Petersilie und Thymianblättchen darüber streuen. Alles Weitere 20 Minuten garen, dann im Tontopf servieren.

Dieser deftige Stockfischtopf sollte mit einem kräftigen Rotwein genossen werden.

Tipp: Beim Einkauf darauf achten, dass das Stockfischfleisch weiß und nicht gelblich ist.

Lenguado al horno

SEEZUNGE MIT FRISCHEN KRÄUTERN

FÜR 4 PERSONEN

4 Seezungen, küchenfertig
80 g Butter
Salz
Weißer Pfeffer aus der Mühle
2 El gemischte Kräuter, fein gehackt
(Estragon, Petersilie, Thymian, Zitronenmelisse)
Butter für die Form
2 El Semmelbrösel
8 Zitronenschnitze

Die Seezungen waschen, gründlich trocken tupfen und salzen. In einer großen Pfanne die Hälfte der Butter erhitzen und die Kräuter darin schwenken.

Eine ausreichend große Auflaufform mit Butter auspinseln, die Seezungen mit der dunklen Hautseite in die Form legen. Die geschmolzene Kräuterbutter gleichmäßig über die Fische geben. Mit weißem Pfeffer würzen und mit Semmelbröseln bestreuen. Die restliche Butter in kleinen Flöckchen auf die Fische geben.

Im auf 200 °C vorgeheizten Backofen ca. 10 Minuten backen. Mit Zitronenschnitzen garniert in der Form servieren.

Dorada a la sal

GOLDBRASSE IN DER SALZKRUSTE

FÜR 4 PERSONEN

1 Goldbrasse (ca. 1.200 g)
1 Kräutersträußchen
(Thymian, Rosmarin, Petersilie)
Weißer Pfeffer aus der Mühle
Salz
1 El Butter
3 Eiweiß
1 kg Salz

Die Goldbrasse waschen, trocken tupfen, innen pfeffern und salzen und die Butter mit dem Kräutersträußchen in die Bauchhöhle geben. Bauchlappen gut zusammenlegen. Das Eiweiß steif schlagen und das Salz unterheben.

In eine ausreichend große feuerfeste Form eine Schicht Salzmasse streichen. Den Fisch darauf legen und mit der restlichen Salzmasse bedecken. Den Backofen auf 200 °C vorheizen, den Fisch ca. 35-40 Minuten backen. Der Salzmantel muss zum Ende der Backzeit ganz hart und leicht gebräunt sein.

In der Form zu Tisch bringen. Erst dort die Salzkruste mit einem Messer öffnen. Die Fischhaut bleibt an der Salzkruste hängen. Zum Fisch passt eine würzige Aioli (siehe Seite 31).

Zarzuela

EINTOPF AUS MEERESFRÜCHTEN

Dieses Gericht ist für 6 Personen berechnet. Die Zarzuela ist etwas aufwändiger in der Zubereitung, doch ihr Geschmack macht alle Mühe wett. Benannt ist sie nach der spanischen Operette, der „Zarzuela".

500 g Miesmuscheln
500 g Venusmuscheln
500 g Pilger- oder Jakobsmuscheln
100 ml Olivenöl
3 Zwiebeln, geschält und gewürfelt
5-8 Knoblauchzehen
1 Chilischote ohne Kerne, in feinen Scheibchen
300 g Tomaten aus der Dose, gewürfelt
2 Döschen gemahlener Safran
3 Lorbeerblätter
1 Tl Thymianblätter
1 Tl gehackte Rosmarinnadeln
500 ml Weißwein
4 El Zitronensaft
Salz
Schwarzer Pfeffer aus der Mühle
300 g Seeteufel in Scheiben
300 g Kabeljaufilet in Scheiben
500 g Tintenfischringe natur (TK)
8 frische Garnelen, geschält
1 Bund glatte Petersilie
2-3 unbehandelte Zitronen in Schnitzen

Alle Muscheln sorgfältig waschen. Geöffnete Muscheln aussortieren und entsorgen.

Das Öl in einem großen Topf erhitzen, darin Zwiebeln, Knoblauch und Chilischote anbraten. Dosentomaten mit Saft angießen. Safran, Lorbeerblätter, Thymian, Rosmarin und Weißwein zufügen und alles gut vermischen. Alle Muscheln in den Sud geben. Vorsichtig unterheben. Mit Salz, Pfeffer und 2 El Zitronensaft abschmecken. Ca. 5 Minuten köcheln lassen. Muscheln aus dem Sud heben. Muscheln, die sich nicht geöffnet haben, aussortieren und entsorgen.

Seeteufel, Kabeljau und Tintenfischringe waschen und trocken tupfen, mit dem restlichen Zitronensaft beträufeln. Die Garnelen am Rücken aufschneiden, den schwarzen Faden entfernen. Alles in die Brühe geben und bei schwacher Hitze ca. 10 Minuten garen. Noch einmal mit Pfeffer und Salz abschmecken, Muscheln wieder zufügen und im Topf mit Petersilie bestreut servieren.

Reichen Sie dazu Weißbrot, Zitronenschnitze und einen kühlen Weißwein.

Tipp:

Stellen Sie zu jedem Gedeck eine Fingerschale mit Zitronenwasser und legen Sie Stoffservietten dazu. Auch an Schälchen für die Muschelschalen sollten Sie beim Aufdecken denken.

Ostras al horno

GEBACKENE AUSTERN

FÜR 4 PERSONEN

24 Austern
200 g Blattspinat (TK)
2 Möhren
1 Stange Porree
100 g Butter
3 Frühlingszwiebeln in feine Ringe geschnitten
250 ml Weißwein
100 ml Sahne
3 El Zitronensaft
Weißer Pfeffer aus der Mühle

Die Austern mit einem Austernbrecher öffnen. Das Austernwasser auffangen. Das Fleisch auslösen. Beiseite stellen. Jeweils die tiefe Austernschale unter fließendem kalten Wasser gründlich abwaschen. Blattspinat auftauen, ausdrücken und auf die Austernschalen verteilen. Darauf je 1 Auster setzen.

Möhren und Porree putzen, in feine Stifte und Ringe schneiden. In der Hälfte der Butter andünsten. Auf die Austern geben.

Die restliche Butter erhitzen, darin die Frühlingszwiebelringe ein wenig Farbe nehmen lassen. Mit Weißwein ablöschen und im offenen Topf ca. 8 Minuten einköcheln. Sahne und Zitronensaft dazugeben, Austernwasser zufügen. Das gibt eine schöne Würze.

Den Backofen auf 180 °C vorheizen. Eine Fettpfanne mit Küchensalz bestreuen. Die gefüllten Austernhälften darauf anordnen. Mit einem Soßenlöffel die Soße auf die Austern verteilen.

Mit Alufolie abdecken und im Backofen 5–7 Minuten backen. Mit feinem Weißbrot servieren.

Viera gratinado

GRATINIERTE JAKOBSMUSCHELN

FÜR 4 PERSONEN

12 Jakobsmuscheln mit Rogen (Corail)
1 kleine gehackte Zwiebel
2-3 Knoblauchzehen, fein gehackt
1 El gehackte Petersilie
1 Prise Nelkenpulver
1 Prise Zimt
1 Prise Cayennepfeffer
Salz
Schwarzer Pfeffer aus der Mühle
4 El Semmelbrösel
4 El Olivenöl

Die Jakobsmuscheln sorgfältig waschen und mit einem Messer öffnen. Die Muschel mit Rogen (Corail) jeweils aus der unteren Muschelschale lösen. Muschelfleisch mit Rogen klein schneiden.

Zwiebel, Knoblauch, Petersilie, Nelke, Zimt, Cayennepfeffer, Salz und schwarzen Pfeffer zum Muschelfleisch geben, alles gut mischen. Semmelbrösel und Olivenöl vorsichtig unter die Masse heben.

Die unteren Muschelschalen säubern. Darauf gleichmäßig die Masse verteilen.

Ein Backblech mit einer dicken Schicht Salz bestreuen. Die gefüllten Muscheln darauf setzen. Im vorgeheizten Backofen bei 210 °C ca. 10 Minuten backen. Die Muschelfüllung sollte eine goldfarbene Kruste haben.

Noch heiß zu Tisch bringen. Dazu passt Weißbrot und ein kühler Weißwein.

Salmón con alcaparras

LACHSKOTELETTS MIT KAPERNSOSSE

FÜR 4 PERSONEN

4 gleich große Lachskoteletts (möglichst Mittelstück)
Salz
Schwarzer Pfeffer aus der Mühle
2 El Olivenöl
150 ml trockener Weißwein
8 Knoblauchzehen in der Schale
1 kleine Zwiebel
100 g geschälte, gemahlene Mandeln
3 El Kapern

Eine feuerfeste Form mit Olivenöl auspinseln. Die Lachskoteletts unter kaltem Wasser abspülen, trocken tupfen und mit Salz und Pfeffer würzen. In die geölte Form legen. Den Weißwein angießen. Die Form mit Alufolie abdecken. Den Backofen auf 200 °C vorheizen, die Form für ca. 20 Minuten in den Backofen stellen.

Gleichzeitig in einem kleinen feuerfesten Töpfchen die ungeschälten Knoblauchzehen zu der Form in den Backofen stellen.

Die Zwiebel schälen und in kleine Würfel schneiden. Mit den Kapern (1 Tl zurückbehalten) in den Mixer geben. Nach und nach die gemahlenen Mandeln zugeben.

Fisch und Knoblauch aus dem Backofen nehmen. Lachskoteletts aus dem Sud heben und mit Alufolie abgedeckt im abgeschalteten Backofen warm stellen.

Die Knoblauchzehen mit Hilfe einer Gabel aus der Schale drücken, mit der Zwiebelpaste mischen und in den Fischsud rühren. Kurz aufkochen und mit Salz und Pfeffer abschmecken.

Die Lachsscheiben auf vorgewärmten Tellern anrichten, die Kapernsoße darüber geben und mit den restlichen Kapern bestreuen.

Zu Lachskoteletts passt knackiges, in Butter gedünstetes Fenchelgemüse.

Bonito con hortaliza

THUNFISCH-GEMÜSE-KASSEROLLE

FÜR 4 PERSONEN

1 große Gemüsezwiebel
6 Knoblauchzehen
je 1 rote, gelbe und grüne Paprikaschote
750 g Fleischtomaten
1 Fenchelknolle
4 El Olivenöl
1 Chilischote, ohne Kerne in feine Ringe geschnitten
Schwarzer Pfeffer aus der Mühle
Salz
1 Tl Piménton (spanisches Paprikagewürz)
500 g Kartoffeln, mehlig kochend, geschält und gewürfelt
300 ml trockener Weißwein
750 g Thunfisch
Saft einer Zitrone

Die Gemüsezwiebel schälen und in feine Ringe schneiden. Knoblauch schälen, Paprikaschoten waschen, in feine Streifen schnei-

den, dabei alle weißen Häutchen und Kerne entfernen. Die Fleischtomaten kreuzweise einschneiden, in heißes Wasser tauchen, häuten und den Stielansatz herausschneiden. Den Fenchel waschen, vierteln und in feine Streifen schneiden. Das Fenchelkraut aufheben.

Das Olivenöl in einer großen Kasserolle erhitzen. Die Zwiebel darin anbraten. Knoblauch pressen und zur Zwiebel geben. Paprikaschoten und Fenchel zufügen. Alles mit Chili, schwarzem Pfeffer, Salz und Piménton würzen. Gut verrühren und bei kleiner Flamme 5-8 Minuten dünsten. Die Kartoffelwürfel unterrühren und zugedeckt 25 Minuten köcheln lassen.

Den Thunfisch unter fließendem Wasser abwaschen, trocken tupfen und in gleichmäßige Würfel scheiden. Mit Pfeffer, Salz und etwas Zitronensaft beträufeln. Den Fisch in die Kasserolle geben, unterheben und 5-8 Minuten bei geschlossenem Deckel gar ziehen lassen.

In der Kasserolle servieren. Ein kräftiges Landbrot und ein Rioja passen hervorragend dazu.

Langosta a la americana

LANGUSTE IN FEINER SOSSE

FÜR 4 PERSONEN

1 Zwiebel
250 ml Olivenöl
1 El Speisestärke
250 ml Weißwein
4 Tomaten
1 Möhre
2 Lorbeerblätter
1 El Thymianblättchen
Salz
Weißer Pfeffer aus der Mühle
1 Knoblauchzehe
50 g gemahlene, geröstete Mandeln
4 cl spanischer Brandy
2 kleine Stücke Bitterschokolade
4 El Essig
1 frische große Languste
1 Bund glatte Petersilie
Saft von 1 Zitrone
100 g Butter

Die Zwiebel schälen, würfeln und in etwas Olivenöl anbräunen. Mit der Speisestärke bestreuen, anschwitzen und mit Weißwein aufgießen. Die Tomaten waschen, den Stielansatz herausschneiden und würfeln. Die Möhre putzen und ebenfalls in kleine Würfel schneiden. Tomaten, Möhre, 1 Lorbeerblatt und die Thymianblätt-chen in die Weinsoße geben. Mit Salz und Pfeffer abschmecken. Die Soße bei kleiner Hitze 20 Minuten köcheln.

Die Knoblauchzehe pressen und mit den gemahlenen Mandeln mischen. Zusammen mit dem Brandy und der Schokolade in die Soße geben. Weitere 5 Minuten simmern lassen. Eventuell erneut mit Pfeffer und Salz abschmecken.

In einem großen Topf mindestens 5 Liter Wasser zum Kochen bringen. Salz und Essig zufügen. Die lebende Languste mit dem Kopf zuerst in das kochende Wasser geben. Sie sollte etwa 20 Minuten darin kochen. Den Topf vom Herd ziehen. Die Languste herausheben und auf einer Platte abkühlen lassen.

Mit einem scharfen Messer ein Loch zwischen Kopf und Panzer stoßen. Dann die Languste mit dem Kopf nach unten halten, damit das Wasser, das beim Kochen in den Panzer gelangt ist, wieder ablaufen kann. Languste glatt auf die Platte legen und mit einem großen, scharfen Messer längs halbieren. Den dunklen Darm entfernen.

Mit etwas Salz bestreuen und einigen Tropfen Zitrone benetzen. Kleine Butterflöckchen auf die Langustenhälften setzen und unter dem Grill ca. 6-8 Minuten grillen.

Die Languste mit Petersilienblättchen und Zitronenscheiben anrichten. Die Brandysoße erhitzen und separat reichen.

Sardinas al horno

SARDINEN AUS DEM BACKOFEN

FÜR 4 PERSONEN

1 kg kleine Sardinen ohne Kopf und Gräten
Salz
Weißer Pfeffer aus der Mühle
150 ml Olivenöl
4 Knoblauchzehen, fein gehackt
3 El glatte Petersilie, fein gehackt
4 El Zitronensaft
125 ml Weißwein
3-4 El Semmelbrösel

Die Sardinen vom Fischhändler vorbereiten lassen. Waschen, trocken tupfen und innen und außen mit Pfeffer und Salz bestreuen.

Eine flache, feuerfeste Form mit Olivenöl auspinseln. Die Fische nebeneinander hineinlegen. Knoblauch und Petersilie darüber streuen. Mit Zitronensaft, Weißwein und dem restlichen Olivenöl begießen. Die Semmelbrösel darüber streuen. Im auf 175 °C vorgeheizten Backofen ca. 20 Minuten backen. Wenn das Semmelbröselhäubchen eine goldbraune Farbe hat, sind die Sardinen fertig.

Fleisch
und Geflügel

Fleisch und Geflügel

Jeder Landesteil hat seine typischen Fleischgerichte. „Region der Braten" nennen sich Kastilien und Leon. Hier kommen die üppigsten Fleischgerichte auf die Tafel. Es wird alles im Ganzen gegrillt: Lämmer und junge Zicklein landen auf dem Spieß und garen ganz langsam zu einer wahren Gaumenfreude. Die traditionellen Lammgerichte zeugen noch vom maurischen Einfluss. In den Genuss von Schweinefleisch kamen die Spanier erst nachdem die Mauren vertrieben und eine neue Esskultur Einzug hielt. Ihre Experimentierfreude lehrte die Köchinnen und Köche wirklich alles vom Schwein zu verwerten. Filet, Bauch und Haxe bereitete man bei festlichen Gelegenheiten zu, Öhrchen und Schwänzchen fanden in Suppen und Eintöpfen ihre Bestimmung. Man begann köstliche Würste und Schinken herzustellen. Wer noch nie Chorizo und Jamón de Serrano, die wundervolle Wurst und den unübertrefflichen luftgetrockneten Schinken, probiert hat, hat kulinarisch betrachtet, noch große Geschmackserlebnisse vor sich. Rindfleisch wird in herrlich sämigen Soßen zubereitet. Die herzhaften Fleischtöpfe, die mit Weinen aus Rioja oder Sherry aus Jerez zubereitet werden, sind ein Traum.

Wild und Geflügel sind ebenfalls äußerst beliebt und häufig auf dem Speisezettel zu finden. Geflügel wird in den seltensten Fällen im Ganzen zubereitet. Schon vor dem Braten in Portionsgröße aufgeteilt, gibt das Fleisch der entstehenden Bratensoße sein volles Aroma ab. Viele Zubereitungsarten sind noch auf die maurische Küche zurückzuführen. Denn oftmals wird Geflügel mit süßen Trockenfrüchten, Rosinen, Zimt oder Nüssen zubereitet.

Chuleta de cerdo al horno

GEFÜLLTE SCHWEINEKOTELETTS AUS DEM OFEN

FÜR 4 PERSONEN

1 kg Kartoffeln, mehlig kochend
300 ml Gemüsebrühe
2 El Olivenöl
Salz
Schwarzer Pfeffer aus der Mühle
4 Schweinekoteletts à 200 g
4 Scheiben Chorizo-Wurst
50 g Mandeln, gehackt
4 Knoblauchzehen, gepresst
3 El glatte Petersilie, fein gehackt

Kartoffeln schälen, waschen und in dünne Scheiben schneiden. Eine Auflaufform ausfetten und den Boden mit den Kartoffelscheiben bedecken. Mit der Gemüsebrühe begießen. Kräftig salzen und pfeffern.

In jedes Kotelett eine Tasche schneiden und die Chorizoscheiben hineinschieben. Die Taschen gut zusammendrücken. Koteletts pfeffern und salzen und auf die Kartoffeln legen.

Die Mandeln in einer Pfanne mit etwas Olivenöl rösten. Sie sollten goldbraun sein. Mit dem gepressten Knoblauch und der Petersilie vermischen und auf den Koteletts verteilen. Für 45 Minuten in den auf 200 °C vorgeheizten Backofen stellen. Wenn die Kartoffeln die ganze Gemüsebrühe aufgesogen haben, sind sie gar, und das Essen kann serviert werden.

Carne de ternera soufflé

KALBFLEISCHAUFLAUF

FÜR 4 PERSONEN

4 Kalbsschnitzel (je 150 g)
2 El Zitronensaft
Schwarzer Pfeffer aus der Mühle
Salz
1 Tl Speisestärke
1 Gemüsezwiebel
2 gelbe Paprikaschoten
2 Fleischtomaten
4 Knoblauchzehen
1 Tl Pimentón oder mildes Paprikapulver
3 El Olivenöl
200 ml Gemüsebrühe

Kalbsschnitzel mit Zitronensaft, Pfeffer und Salz würzen. Die Speisestärke leicht darüber streuen und einklopfen. Sie lässt das Fleisch nicht trocken werden und bindet nachher die Soße.

Das Gemüse waschen und putzen, bei den Tomaten die Haut und den Stielansatz entfernen.

Das Gemüse in Würfel schneiden und in eine Schüssel füllen. Den Knoblauch schälen, durch die Knoblauchpresse drücken und unter die Gemüsewürfel mischen. Kräftig mit Pfeffer, Salz und Pimentón würzen.

Eine große Auflaufform mit Olivenöl einpinseln. Als unterste Schicht Gemüsewürfel einfüllen. Mit der Hälfte des Olivenöls und der Gemüsebrühe begießen. Darauf die Kalbsschnitzelchen fächerförmig anordnen. Das restliche Gemüse darauf verteilen und mit Olivenöl und Gemüsebrühe auffüllen.

Die Auflaufform mit Alufolie abdecken und bei 180 °C im Backofen 45–50 Minuten schmoren. Mit Weißbrot und einem leichten Rotwein servieren.

Estofado de vaca a la asturiana

RINDERRAGOUT MIT ROTWEIN

FÜR 4 PERSONEN

---

1 ganze Knoblauchzwiebel
1 kg Rinderschulter, in Würfel geschnitten
100 g Serranoschinken in Würfel geschnitten
1 rote Paprikaschote
2 Fleischtomaten
2 Gemüsezwiebeln
2 Möhren
1 El schwarze Pfefferkörner
2 Knoblauchzehen
1 Döschen Safran
4 El Olivenöl
2 Lorbeerblätter
200 ml Rotwein
500 g Kartoffeln, mehlig kochend
3 El Petersilie, fein gehackt

Die Knoblauchzwiebel für 20 Minuten bei 230 °C in den vorgeheizten Backofen legen. Die Fleischwürfel mit den Schinkenwürfeln in eine große Schüssel füllen. Paprika und Fleischtomaten waschen, putzen, würfeln und zum Fleisch geben. Die Zwiebeln schälen, halbieren, in feine Halbmonde schneiden und zum Fleisch geben. Die Möhren schälen, in feine Scheiben schneiden und ebenfalls in die Schüssel geben.

Die beiden Knoblauchzehen schälen, mit den Pfefferkörnern im Mörser zu einer Paste verarbeiten.

Die Knoblauchknolle aus dem Backofen nehmen, mit einer Gabel das Fruchtfleisch ausdrücken. Zusammen mit Safran zur Knoblauch-Pfefferpaste geben und alles gut mischen.

Die Fleisch-Gemüsemischung in einen großen Topf umfüllen. Mit der Paste vermischen.

1 Tasse Wasser, 4 El Olivenöl, das Lorbeerblatt und den Rotwein zufügen. Für 1 Stunde leise köcheln lassen. Danach mit Salz abschmecken, eventuell noch etwas Wasser zugeben und weitere 30 Minuten köcheln lassen. Die Kartoffeln schälen, waschen in kleine Würfel schneiden und 15 Minuten vor Ende der Kochzeit in den Topf geben. Gut unterheben. Das Ragout mit Pfeffer und Salz abschmecken und zum Servieren mit der Petersilie bestreuen.

Solomillo de cerdo con vino de Madeira

SAUENFILET IN MALAGASOSSE

FÜR 4 PERSONEN

Das Sauenfilet stammt von Schweinen, die schon geworfen haben. Das Fleisch ist etwas fester in der Struktur und um ein vielfaches aromatischer als Schweinefilets, aber ebenso zart.

3 El Olivenöl
1 kg Sauenfilet
2 El milden Senf
Salz
Schwarzer Pfeffer aus der Mühle
250 ml Madeirawein
100 ml Fleischbrühe
1 Zimtstange
1 Lorbeerblatt
4 El Rosinen
100 g geschälte Mandeln
1 El Olivenöl
3 El saure Sahne

Olivenöl in einem goßen Bräter erhitzen. Das Fleisch rundherum mit Senf bestreichen. Von allen Seiten anbraten. Danach salzen und pfeffern.

Den Madeira mit der Fleischbrühe angießen, Zimtstange, Lorbeerbatt und Rosinen zufügen. Den abgedeckten Bräter in den auf 180 °C vorgeheizten Backofen stellen und ca. 50-60 Minuten darin garen.

Die Mandeln in einer Pfanne mit wenig Olivenöl rösten. Die Hälfte im Mörser pürieren. Das Fleisch aus dem Bräter heben und mit Alufolie abgedeckt im ausgeschalteten Backofen warm halten.

Zimtsange und Lorbeerblatt aus der Soße heben. Die pürierten Mandeln einrühren und die Soße kurz aufkochen lassen. Die saure Sahne unterziehen und die Soße nochmals mit Pfeffer und Salz abschmecken.

Das Filet in 3 cm dicke Scheiben schneiden. Auf jeden Teller einen Soßenspiegel gießen, darauf die Fleischscheiben anrichten und mit den gerösteten Mandeln garnieren.

Chuletas de cordero con salsa de aceitunas negras

LAMMKOTELETTS IN OLIVENSOSSE

8 Lammkoteletts
Salz
250 g Tomaten
1 Gemüsezwiebel, geschält
125 ml Olivenöl
1 Sardellenfilet, gewässert
1 Msp. Cayennepfeffer
1 Lorbeerblatt
1 Tl gehackte Rosmarinnadeln
2 Knoblauchzehen, gehackt
250 g schwarze Oliven ohne Kern,
in Scheiben geschnitten
250 ml Weißwein
Schwarzer Pfeffer aus der Mühle

Die Koteletts auf beiden Seiten mit wenig Salz würzen.

Die Tomaten überbrühen, häuten, Stielansatz und Kerne entfernen und in Würfel schneiden.

Die Zwiebel ebenfalls fein würfeln.

Das Olivenöl in einer Pfanne erhitzen, darin die Koteletts von beiden Seiten scharf anbraten, aus der Pfanne heben und warm stellen. Das Sardellenfilet in kleine Stücke schneiden. Zusammen mit Zwiebeln und Tomaten in die Pfanne geben. Mit Cayennepfeffer, Lorbeer, Rosmarin, Knoblauch und schwarzem Pfeffer würzen. Den Weißwein angießen, aufkochen lassen und die in Scheiben geschnittenen Oliven unterrühren.

Die Lammkoteletts zur Soße in die Pfanne legen und kurz erwärmen.

Dazu passt Weißbrot und ein kräftiger Rotwein.

Rabo de toro con vino de Jerez

OCHSENSCHANZRAGOUT IN SHERRYRAHM

FÜR 4 PERSONEN

2 Ochsenschwänze
2 Gemüsezwiebeln
3 Möhren
1 Stange Porree
1 El Petersilie, fein gehackt
1 El Thymianblättchen
2 Knoblauchzehen
125 ml Olivenöl
1 Lorbeerblatt
1 Tl scharfes Paprikapulver
1 El Mehl
200 ml halbtrockener Sherry
Salz
Schwarzer Pfeffer aus der Mühle
3 El saure Sahne

Die Ochsenschwänze vom Metzger in kleine Stücke hacken lassen. Unter kaltem Wasser waschen und alle Knochensplitter entfernen. Die Stücke aufrecht in einen Topf stellen. So viel Wasser angießen, bis die Schwanzstücke bedeckt sind. 1 Zwiebel schälen, Möhren und Porree putzen. Alles waschen und klein schneiden. Mit den Kräutern in den Topf zum Fleisch geben und aufkochen lassen. Wenn sich Schaum bildet, die Hitze zurückschalten. Den Schaum vorsichtig mit der Schaumkelle abschöpfen. Deckel auf den Topf legen und bei kleiner Flamme 4-5 Stunden köcheln.

Den Knoblauch und die zweite Zwiebel schälen und in feine Würfel schneiden. Das Olivenöl erhitzen. Knoblauch, Zwiebeln, Lorbeerblatt und Paprikapulver darin anschwitzen. Das Mehl zufügen und gut vermischen. Wenn das Mehl beginnt braun zu werden, mit etwas Kochflüssigkeit und dem Sherry ablöschen. Mit Pfeffer und Salz würzen, kurz aufkochen und vom Herd ziehen. Jetzt die saure Sahne unterziehen.

Das Fleisch von den Knochen lösen. Dann in die Soße geben und gut unterrühren.

Auf Teller füllen und sehr heiß servieren.

Chuletas a la papillote

LUMMERKOTELETTS IM PÄCKCHEN

FÜR 4 PERSONEN

4 Lummerkoteletts
3 El Olivenöl
Salz
Schwarzer Pfeffer aus der Mühle
100 g Schweinefilet
100 g Serranoschinken
100 g Putenleber
1 Zwiebel
1 El Thymian, gehackt
1 El Salbei, gehackt
4 Salbeiblätter
1 El Petersilie
Alufolie

Die Koteletts mit Olivenöl einreiben, salzen und pfeffern. Aus Schweinefilet, Serranoschinken, Putenleber, den Kräutern, Pfeffer und Salz im Cutter eine Farce herstellen.
Vier Stücke Alufolie zurechtlegen und mit Olivenöl bestreichen.
Auf jedes Stück ein Lummerkotelett legen, die Oberseite mit der Farce dick bestreichen. Auf jedes Kotelett ein Salbeiblatt legen. Das Fleisch in Alufolie einschlagen.
Den Backofen auf 230 °C vorheizen. Die Alupäckchen auf einem Backblech in die Mitte des Backofens schieben und 30 Minuten backen. Zum Servieren die Päckchen öffnen und mit Schrumpelkartoffeln (siehe Seite 39) reichen.

Carne estofada

SCHMORTOPF MIT PILZEN

FÜR 4 PERSONEN

1 Gemüsezwiebel
2 Knoblauchzehen
500 Rinderschmorbraten in Würfel geschnitten
125 ml Olivenöl
1 Lorbeerblatt
Schwarzer Pfeffer aus der Mühle
Salz
1 El getrocknete Steinpilze
100 ml Pilzeinweichwasser
250 ml trockener Weißwein
200 ml Rinderfond (aus dem Glas)
300 g frische Champignons

Die Zwiebel und den Knoblauch schälen und fein hacken.
Das gewürfelte Fleisch in heißem Olivenöl anbraten. Zwiebel, Knoblauch und Lorbeerblatt zufügen und gut umrühren. Pfeffern und salzen. Die getrockneten Steinpilze in heißem Wasser einweichen, ausdrücken, klein schneiden und zum Fleisch geben. Pilzeinweichwasser und Weißwein angießen. Flüssigkeit einkochen lassen. Mit Rinderfond auffüllen. Deckel auflegen, für ca. 1 Stunde köcheln lassen.
Die Champignons mit einem Pinsel säubern, in feine Scheiben schneiden und 10 Minuten vor Ende der Kochzeit zum Fleisch geben.
Dazu schmeckt geröstetes Weißbrot, das mit Knoblauch abgerieben wurde.

Perdiz con Chocolate

REBHUHN MIT SCHOKOLADENSOSSE

2 Rebhühner, küchenfertig
Salz
Schwarzer Pfeffer aus der Mühle
3 El Olivenöl
1 Gemüsezwiebel, fein gewürfelt
50 g Knollensellerie, fein gewürfelt
1 kleine Möhre, fein gewürfelt
125 ml Weißwein
250 ml Gemüsebrühe
2 cl trockener Sherry
1 Msp. Pimentpulver
2 El geraspelte dunkle Blockschokolade
4 Scheiben Weißbrot
Olivenöl zum Brotrösten

Die Rebhühner innen und außen salzen und pfeffern. Das Olivenöl in einer Pfanne erhitzen und die Rebhühner von allen Seiten darin braun braten. Die Hühner aus der Pfanne heben und beiseite stellen. Die Zwiebel, die Sellerie- und die Möhrenwürfel im Fett andünsten.

Die Rebhühner auf das Gemüsebett setzen. Weißwein, Gemüsebrühe und Sherry angießen. Das Pimentpulver zufügen und den Deckel auf die Panne legen Auf kleiner Flamme die Rebhühner ca. 35 Minuten schmurgeln. Rebhühner aus der Soße heben, halbieren und unter Alufolie warm halten. Die Soße durch ein Sieb gießen und wieder in die Pfanne geben. Die geraspelte Blockschokolade unterrühren und schmelzen lassen.

In einer anderen Pfanne etwas Olivenöl erhitzen, darin die Brotscheiben rösten.

Je eine Scheibe auf einen Teller legen, ein halbes Rebhuhn mit der aufgeschnittenen Seite auf die Brotscheiben legen und die Schokoladensoße angießen.

Mit einem kühlen trockenen Sherry servieren.

Jarrete de cordero marinado

MARINIERTE LAMMSTELZEN

FÜR 4 PERSONEN

4 Lammstelzen
500 ml trockener Weißwein
2 El Weißweinessig
3 Lorbeerblätter
1 Tl Wacholderbeeren
1 Zweig Thymian
1 Zweig Rosmarin
1 Tl schwarze Pfefferkörner
1 getrocknete Chilischote ohne Kerne
4 Knoblauchzehen, grob gehackt

Für den Bräter:
2 Fleischtomaten, gehäutet und gehackt
2 Zwiebeln, geviertelt
125 ml Olivenöl
1 Tl Speisestärke

Die Lammstelzen in eine große Schüssel legen. Aus den angegebenen Zutaten eine Marinade herstellen und über die Lammstelzen gießen. Über Nacht im Kühlschrank marinieren. Am folgenden Tag in einem Bräter das Olivenöl erhitzen. Die Lammstelzen von allen Seiten anbraten. Fleischtomaten und Zwiebeln zufügen, Farbe nehmen lassen und alles mit einem Teil der Marinade aufgießen. Deckel auflegen und bei schwacher Hitze ca. 1 $\frac{1}{2}$ Stunden gar ziehen lassen. Nach und nach die restliche Marinade zufügen. Die Stelzen aus der Soße heben und in einer tiefen Fleischschale anrichten. Zum Servieren die groben Teile aus der Soße entfernen.

Die Soße mit Speisestärke binden. Noch einmal aufkochen, abschmecken und einen Teil der Soße über das Lammfleisch geben. Die restliche Soße separat anbieten.

Dazu schmecken schlichte Salzkartoffeln und Gurkensalat mit frischem Dill.

Die Stelze, meist Haxe genannt, sitzt zwischen Fuß und Keule. Da der Fleischer die Keule im Gelenk durchtrennen muss, um die Haxe zu gewinnen, empfiehlt es sich, eine Vorbestellung aufzugeben.

87

Pavo relleno

GEFÜLLTER PUTER

1 Puter ca. 3 kg, küchenfertig
Putenherz und Putenleber
2 Äpfel
Saft von 1 Zitrone
300 g Maronen, gebacken und geschält
100 g Trockenpflaumen, in Brandy eingelegt
1 Brötchen vom Vortag, in Wasser eingeweicht
5 rohe Butifarras (Schweinewürstchen) ersatzweise
5 grobe gewürzte Bratwürste
2 El Olivenöl
1 Tl getrockneter Thymian
1 Tl getrockneter Oregano
1 El fein gehackte Rosmarinnadeln
Schwarzer Pfeffer aus der Mühle
Salz
4 Scheiben weißer Speck
2 El Schweineschmalz
2 Rosmarinzweige
2 Lorbeerblätter
250 ml Gemüsebrühe
100 ml Weißwein

Den Puter gründlich waschen, innen mit Zitronensaft beträufeln. Leber und Herz grob hacken, auf einem Teller beiseite stellen. Die Äpfel schälen, in kleine Stücke schneiden, in eine Schüssel füllen und mit Zitronensaft beträufeln. Maronen und Trockenpflaumen grob hacken und zu den Äpfeln geben. Das Brötchen ausgedrückt untermischen. Die Schweinewürstchen aus der Pelle drücken. In einer Pfanne das Öl erhitzen und die Wurstmasse darin anbraten. Die gehackten Innereien zufügen. Mit Thymian, Oregano, Rosmarinnadeln, Pfeffer und Salz würzen. Den Pfanneninhalt zu den anderen Zutaten in die Schüssel füllen und gut vermischen.
Den Puter mit dem Rücken auf die Arbeitsfläche legen, mit den Fingern zwischen Brustfleisch und Haut fahren und die Speckscheiben dazwischen schieben. Anschließend mit dem Schüsselinhalt füllen und mit Küchengarn zunähen.
Von außen mit Olivenöl bestreichen, pfeffern und salzen.
In einem großen Bräter das Schweineschmalz erhitzen, den Puter mit der Brust nach oben in den Bräter legen. Rosmarinzweige und Lorbeerblätter um den Puter verteilen. Gemüsebrühe und Weißwein angießen. Den Bräter in den auf 200 °C vorgeheizten Backofen schieben, nach 1 Stunde die Temperatur auf 180 °C herunterschalten und für weitere 2 Stunden braten. Während dieser Zeit immer wieder mit Bratenfond begießen. Den Fond mit heißem Wasser verlängern. Den Puter im Backofen nach dem Garen ca. 30 Minuten ruhen lassen.
Den Puter aus den Bratenfond heben, die Soße einkochen, abschmecken.
Den angeschnittenen Puter mit der Füllung auf einer Platte anrichten. Die Soße separat reichen. Mit Salzkartoffeln servieren.

Pato a la naranja

ENTE IN ORANGENSOSSE

FÜR 4 PERSONEN

1 Erpel (das ist der Entenmann, der ist größer und
hat nicht so viel Fett)
2 Scheiben weißer Speck, dünn geschnitten
Salz
Weißer Pfeffer aus der Mühle
2 El Olivenöl
250 ml Blutorangensaft, frisch gepresst
150 ml Weißwein
1 Tl brauner Zucker
4 cl Brandy (Cardenal Mendoza)

Den Erpel waschen, trockentupfen, innen pfeffern und salzen. Mit den Fingern zwischen Haut und Brustfleisch fahren und die weißen Speckscheiben dazwischen schieben. So bleibt das Brustfleisch schön saftig. Außen pfeffern und salzen, unter den Keulen mit einem Messer mehrmals die Haut anstechen, damit überschüssiges Fett ablaufen kann.

Einen Bräter mit Olivenöl auspinseln, den Erpel mit der Brust nach unten einlegen und für 1 Stunde in den auf 200 °C vorgeheizten Backofen schieben. Die Rückseite vom Enterich ebenfalls mit Öl einpinseln. Nach ca. 30 Minuten den Braten wenden. Immer wieder mit dem ausgetretenen Bratfett bestreichen.

Den Braten aus dem Ofen heben, auf einem Teller unter Alufolie ruhen lassen.

Den Bratfond mit Orangensaft und Weißwein aufkochen. Die Flüssigkeit sollte sich etwas reduzieren. Mit Zucker und Bandy abschmecken.

Den Erpel auf einer Platte zu Tisch bringen und die Soße separat dazu reichen.

Pierna de cordero relleno

GEFÜLLTE LAMMKEULE

FÜR 4 PERSONEN

1 Lammkeule, ca. 1,5 kg

Für die Füllung:
Salz
Schwarzer Pfeffer aus der Mühle
1 Tl Thymianblättchen
1 Tl Rosmarinnadeln, gehackt
150 g Schafskäse, gewürfelt
100 g Chorizo, in Scheiben geschnitten
100 g Lammhackfleisch
50 g Semmelbrösel
1 Ei
3 Knoblauchzehen, gepresst
2 El glatte Petersilie, gehackt
Küchengarn

Für den Bräter:
4 El Olivenöl
1 Möhre, in Scheiben geschnitten
2 kleine Zwiebeln, geviertelt
2 Knoblauchzehen, gehackt
300 ml Rotwein
1 El Rotweinessig
Schwarzer Pfeffer aus der Mühle
Salz
1 Sardellenfilet, zerstoßen

Die Lammkeule vom Metzger ausbeinen lassen. Die dadurch entstandene Tasche innen mit reichlich Pfeffer und Salz würzen.

Aus allen angegebenen Zutaten die Füllung herstellen und in die Tasche füllen. Mit Küchengarn die Keule gut zubinden.

Im Bräter das Olivenöl erhitzen. Darin Möhre, Zwiebeln und Knoblauch anbraten und die Keule dazulegen. Von allen Seiten gut Farbe nehmen lassen. Rotwein, Essig, Pfeffer, Salz und die zerstoßene Sardelle in den Bräter geben. Alles gut vermischen.

Deckel auflegen und den Bräter in den auf 200 °C vorgeheizten Backofen stellen. Nach rund 1 Stunde die Temperatur auf 180 °C herunterschalten. Eventuell mit etwas Wasser auffüllen. Weitere 40 Minuten braten. Die Keule aus dem Bräter heben und unter Alufolie ruhen lassen.

Mit dem Stabmixer das Gemüse pürieren und damit die Soße andicken. Abschmecken, wenn nötig nachwürzen.

Die Keule mit einem großen scharfen Messer auf einem Brett mit Saftrille aufschneiden. Auf einer Platte anrichten. Den ausgetretenen Fleischsaft wieder zur Soße geben. Die Soße separat zum Fleisch reichen.

Zur Lammkeule passen feine grüne Böhnchen und ein kräftiger Rotwein.

Carne de carnero al chilindrón

GESCHMORTES HAMMELFLEISCH

FÜR 4 PERSONEN

4 El Olivenöl
1 kg Hammelfleisch aus der Schulter, gewürfelt
1 El Tomatenmark
2 Zwiebeln, gewürfelt
2 rote Paprikaschoten, gewürfelt
Salz
Schwarzer Pfeffer aus der Mühle
1 Tl scharfer Paprika
2 Knoblauchzehen, gehackt
1 El fein gehackte Petersilie
1 Lorbeerblatt
250 ml Rotwein
1 geriebene Kartoffel

Das Olivenöl in einem Schmortopf erhitzen. Das Hammelfleisch darin sehr braun braten. Auf dem Topfboden eine freie Stelle schaffen und darauf das Tomatenmark geben. Es muss richtig anrösten. Zwiebeln und Paprikaschote zufügen und kurze Zeit dünsten. Mit Salz, schwarzem Pfeffer und Paprika würzen. Knoblauch, Petersilie und Lorbeerblatt zufügen und mit Rotwein aufgießen. Auf kleiner Flamme ca. 1 Stunde schmoren. In dieser Zeit immer ein wenig heißes Wasser angießen. Zum Schluss die geriebene Kartoffel zum Binden dazugeben. Noch einmal mit Pfeffer und Salz abschmecken.
Stilecht in mallorquinische Schalen füllen und sehr heiß servieren. Wahlweise können Sie auch Suppenteller benutzen.

Pollo con salsa de almendras

HÄHNCHENBRUST IN MANDELSOSSE

FÜR 4 PERSONEN

4 Hähnchenbrustfilets, küchenfertig
Weißer Pfeffer aus der Mühle
Salz
4 El Olivenöl
2 Zwiebeln, gehackt
2 Möhren, in kleine Würfel geschnitten
1 Stange Porree, in feine Ringe geschnitten
200 g gemahlene Mandeln
125 ml Hühnerbrühe
250 ml Sahne

Die Hähnchenbrüste pfeffern, salzen und in einer Pfanne mit 2 EL Olivenöl von beiden Seiten anbraten. Brüste wieder aus der Pfanne heben.

Zwiebeln, Möhren und Porree in dem restlichen Olivenöl anbraten, mit Pfeffer und Salz abschmecken. Die gemahlenen Mandeln dazugeben. Mit der Hühnerbrühe ablöschen, aufkochen und die Hühnerbrüste wieder in die Pfanne auf das Gemüse legen. Deckel auflegen, bei kleiner Hitze etwa 10 Minuten schmurgeln.
Die Hühnerbrüste aus der Soße heben und auf einem Teller mit Alufolie bedeckt warm halten.
Die Sahne halb steif schlagen und unter die Soße ziehen. Nach Wunsch erneut mit Pfeffer und Salz abschmecken.
Die Hähnchenbrüste schräg in Scheiben schneiden, auf Tellern anrichten und die Soße angießen. Restliche Soße separat dazu servieren.
Ein mit Curry gewürzter Reis und ein kühler Weißwein sind die idealen Begleiter.

Caldereta

LAMMFLEISCHTOPF

750 g Lammfleisch, in Würfel geschnitten
125 ml Olivenöl
1 Gemüsezwiebel, gehackt
200 g Lammleber, geputzt und in grobe Stücke geschnitten
2 getrocknete Paprikaschoten, eingeweicht und in Streifen geschnitten
1 Chilischote ohne Kerne, gehackt
125 ml Rotwein
1 Scheibe Weißbrot ohne Rinde, vom Vortag
2 El Thymianblättchen
2 Lorbeerblätter
500 ml Gemüsebrühe
Salz
Schwarzer Pfeffer aus der Mühle
3 Knoblauchzehen
1 Tl Pimentón (spanisches Paprikagewürz)
1 El Sherry-Essig
2 cl Sherry Fino
1 El grüne Oliven, gehackt
1 El schwarze Oliven, gehackt

Die Lammfleischwürfel in einem Bräter im Olivenöl scharf anbraten. Zwiebel, Leber, Paprika und Chilischote dazugeben und gut unterrühren. 5 Minuten miteinander schmoren lassen.

Den Rotwein angießen. Die Scheibe Brot zerbröseln und mit Thymian und Lorbeerblättern zum Fleisch geben. Mit der Gemüsebrühe auffüllen. Kräftig mit Salz und Pfeffer würzen und für 30 Minuten schmoren lassen.

Den Knoblauch mit Pimentón und Sherry-Essig in einem Mörser zu Mus zerstoßen und in den Fleischtopf geben. Mit Sherry parfümieren und die Oliven dazugeben. Alles weitere 30 Minuten schmoren lassen.

In tiefen Tellern heiß auf den Tisch bringen.

Tipp:
Bereiten Sie dem Lammfleischtopf schon am Vortag zu. Aufgewärmt entfaltet er ein köstliches Aroma.

Paletilla de cabrito al horno

ZICKLEINKEULE AUS DEM OFEN

FÜR 4 PERSONEN

1 Zickleinkeule, ca 1,5 kg
Salz
Schwarzer Pfeffer aus der Mühle
125 ml Olivenöl
5 Knoblauchzehen, gehackt
1 Gemüsezwiebel, gehackt
2 Fleischtomaten, gehäutet und gehackt
2 Lorbeerblätter
2 El Thymianblättchen
1 El Wacholderbeeren, grob zerdrückt
250 ml Weißwein
100 ml halbtrockener Sherry
3 El geröstete Mandeln, grob gehackt

Die Ziegenkeule waschen, von Häuten und Sehnen befreien. Mit reichlich Pfeffer und Salz einreiben. Das Olivenöl in einem ausreichend großen Bräter erhitzen. Darin die Keule von allen Seiten scharf anbraten. Die Keule aus dem Bräter heben und beiseite stellen.

Knoblauch und Zwiebel im Bräter dünsten, Tomaten dazugeben, leise schmurgeln lassen. Lorbeer, Thymianblättchen und die zerdrückten Wacholderbeeren zufügen. Mit Weißwein und Sherry ablöschen und die Keule wieder in den Topf legen. Den Bräter für 1 ½ Stunden in den auf 180 °C vorgeheizten Backofen schieben. Die Keule immer wieder mit Bratensaft übergießen. Ist zu wenig Fond im Bräter etwas heißes Wasser angießen. 30 Minuten vor Ende der Bratzeit die gehackten Mandeln über die Keule streuen.

Zum Servieren die Soße durch ein feines Sieb gießen und separat zur Keule reichen, die erst am Tisch aufgeschnitten wird.

Dazu schmeckten kleine Schmorkartoffeln, grüne Bohnen mit Knoblauch und ein kühler Weißwein.

Chuletas de cordero con ajo frito

LAMMKOTELETTS MIT GEBRATENEM KNOBLAUCH

FÜR 4 PERSONEN

Dies ist ein schlichtes Rezept. Doch die frittierten Knoblauchzehen und das zartrosa Lammfleisch sind es immer wieder wert, auf den Tisch zu kommen.

150 ml Olivenöl
20 Knoblauchzehen, ungeschält
8 Lammkoteletts
Salz
Schwarzer Pfeffer aus der Mühle

Das Olivenöl in einer großen schweren Pfanne erhitzen. Darin die ungeschälten Knoblauchzehen goldbraun frittieren. Aus dem Öl heben, auf einen Teller legen und für kurze Zeit warm stellen.

Die Lammkoteletts salzen und pfeffern, im Öl von beiden Seiten nicht zu lange braten. Mit den Knoblauchzehen anrichten.

Die einzelnen Knoblauchzehen werden mit der Gabel ausgedrückt und der Knoblauch auf das Fleisch gestrichen. Als Beilage wird Weißbrot gereicht. Damit tunkt man das Olivenöl aus der Pfanne.

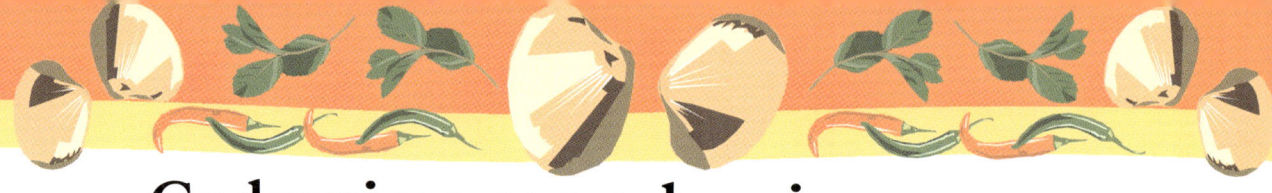

Codornices con salsa vino espuma

WACHTELN IN WEINSCHAUMSOSSE

500 g weiße Weintrauben
2 El Rosinen
12 Wachteln, küchenfertig
500 g Serranoschinken in feinen Scheiben
5 El Olivenöl
Salz
Weißer Pfeffer aus der Mühle
125 ml trockener Weißwein

Die Weintrauben halbieren und die Kerne entfernen. Mit den Rosinen mischen, ein Drittel für die Soße beiseite legen. Die Wachteln mit der Trauben-Rosinen-Mischung füllen und mit Schinkenscheiben umwickeln. Mit Pfeffer und Salz würzen.

In einem Topf das Olivenöl erhitzen und die Wachteln darin auf kleiner Flamme für ca. 25–30 Minuten köcheln. Sobald die Vögel braun werden, aus dem Topf heben und das Öl komplett abgießen. Wachteln wieder in den Topf legen. Mit Weißwein begießen und die restlichen Weintrauben und Rosinen dazugeben. Weitere 5 Minuten schmoren.

Wachteln aus dem Topf heben und auf einer Platte anrichten. Die Soße mit dem Stabmixer aufschäumen und über die Wachteln gießen. Nun können Sie die Wachteln servieren.

Innereien

Innereien

Keine spanische Köchin und kein spanischer Koch würde je feine Innereien verschmähen. Sie werden behandelt wie das teuerste Filet. Mit Nüssen, Trüffeln oder Kräutern zubereitet sind sie eine wahre Delikatesse.
Die bekannteste Art Nierchen zuzubereiten ist wohl die mit Sherry. Dieses Gericht finden Sie als kleines Häppchen unter den Tapas aber auch als vollständige Mahlzeit mit einer köstlichen Beilage. Es lohnt sich, die Rezepte mit Innereien auszuprobieren, denn ihre Aromenvielfalt ist enorm.

Lenguas con salsa de nuez

KALBSZUNGE IN WALNUSSSOSSE

FÜR 4 PERSONEN

Salz
2 Kalbszungen
1 Gemüsezwiebel, fein gehackt
2 El Olivenöl
1 Knoblauchzehe, gehackt
2 Fleischtomaten, gehäutet,
entkernt und gewürfelt
250 ml trockener Weißwein
100 g Walnüsse, gehackt
Weißer Pfeffer aus der Mühle

Salzwasser in einem großen Topf zum Kochen bringen. Die gewaschenen Zungen hineinlegen und im geschlossenen Topf bei kleiner Hitze 1 ½ Stunde garen.
Die Zungen aus dem Wasser heben, mit Eiswasser abschrecken. Von Haut-, Knorpel und Fettgewebe befreien. Die Zungen quer zur Faser in 1 cm dicke Scheiben schneiden. Schneidet man das Fleisch gegen den Strich, wirkt es zäh und ledrig. Die Scheiben auf einen Teller legen und beiseite stellen.

Die Gemüsezwiebel in Olivenöl andünsten. Den Knoblauch und die Fleischtomate zufügen und mitdünsten. Mit Weißwein ablöschen, die Walnüsse einstreuen und ca. 20 Minuten köcheln. Mit Pfeffer und Salz abschmecken und mit dem Stabmixer aufpürieren. Die Soße wieder in den Topf geben und die Zungenscheiben für 15 Minuten bei schwacher Hitze darin ziehen lassen. Zungenscheiben mit der Soße auf einer Fleischplatte anrichten. Dazu passt ein mit Safran gewürzter Reis und ein kühler andalusischer Weißwein.

Riñones de ternera al jerez

KALBSNIERCHEN IN SHERRY

FÜR 4 PERSONEN

500 g Kalbsnieren
250 ml Milch
4 El Olivenöl
1 Tl Speisestärke
2 Zwiebeln, fein gehackt
1 Knoblauchzehe, gepresst
200 ml trockener Sherry
Schwarzer Pfeffer aus der Mühle
Salz
1 El gehackte Petersilie

Die Kalbsnieren längs durchschneiden und die weißen Sehen und Häute wegschneiden.

Unter fließendem kaltem Wasser abspülen. In schmale Scheiben schneiden, in eine Schüssel legen und mit der Milch begießen. Mindestens 1 Stunde darin ziehen lassen.

Nierchen aus der Milch heben, gut trocken tupfen und in heißem Olivenöl portionsweise braten. Herausnehmen und beiseite stellen.

In der gleichen Pfanne Zwiebeln und Knoblauch weich dünsten. Mit der Speisestärke bestreuen, den Sherry angießen und ca. 3 Minuten köcheln lassen.

Die Nierchen mit dem ausgetretenen Bratensaft wieder in die Pfanne geben, mit Pfeffer, Salz und Petersilie würzen. Kurz erwärmen und sofort servieren.

Dazu passt feines Weißbrot und ein trockener Sherry Fino.

Mollejas de ternera con trufa

KALBSBRIES MIT TRÜFFELN

FÜR 4 PERSONEN

700 g Kalbsbries
1 schwarze Trüffel
5 El Mehl
Weißer Pfeffer aus der Mühle
Salz
50 g Butter
100 ml Crème fraîche
125 ml Sahne
2 cl spanischer Brandy

Das Bries für 45 Minuten in kaltes Wasser legen. Dann mehrmals in kaltem Wasser auswaschen, bis das Wasser klar bleibt. Die äußere Hautschicht so weit wie möglich abschneiden. Kalbsbries in vier gleich große Stücke teilen.

Den Trüffel nur mit einem Bürstchen leicht abbürsten, halbieren und in feine Scheiben schneiden. Die Scheiben gleichmäßig in die Falten der einzelnen Briesröschen stecken.
Das Mehl mit Pfeffer und Salz würzen und die Briesstücke darin wenden.
Butter in einer Pfanne erhitzen und Briesstücke darin von beiden Seiten ca. 2 Minuten braten. Die Pfanne mit dem Bries in den auf 200 °C vorgeheizten Backofen schieben und für etwa 10 Minuten weiter garen. Pfanne aus dem Ofen nehmen, das Bries auf einen Teller legen und mit Alufolie abdecken.
Den Bratensatz mit Crème fraîche und der Sahne bei mittlerer Hitze sämig einkochen. Mit Pfeffer, Salz und Brandy abschmecken.
Das Bries in schräge Scheiben schneiden und mit der Soße anrichten.

Higado de ternera con salvia

KALBSLEBER MIT SALBEI

FÜR 4 PERSONEN

300 g Zwiebeln, fein gehackt
5 El Olivenöl
10 Salbeiblätter,
500 g Kalbsleber,
2 El Mehl
Salz
Schwarzer Pfeffer aus der Mühle
2 El Zitronensaft
125 ml trockener Weißwein

Die gehackten Zwiebeln mit 2 El Olivenöl in einer kleinen Pfanne andünsten. Den Salbei in feine Streifen schneiden und zu den Zwiebeln geben.
Die geputzte Kalbsleber in Streifen schneiden und im Mehl wälzen. Das restliche Olivenöl in einer zweiten Pfanne erhitzen, die Leber darin unter ständigem Wenden 5-8 Minuten braten.
Aus der Pfanne heben, mit Pfeffer, Salz und Zitronensaft würzen. Mit Alufolie abdecken.
Den Weißwein angießen. Zwiebel und Salbei zufügen, gut mischen und erwärmen. Leber wieder in die Panne setzen und sogleich servieren.

Reisgerichte

Reisgerichte

Das berühmteste Reisgericht Spaniens ist die „Paella". Sie stammt ursprünglich aus Valencia, wird aber im ganzen Land und auf den Inseln angeboten. Überraschenderweise gibt es für dieses Gericht kein festes Rezept. Eine Paella kann Hähnchen, Schweinefleisch, Fisch, Muscheln, Kaninchen, Schalentiere, Tintenfische, Erbsen oder Paprikaschoten enthalten. Immer wird sie mit Safran gewürzt, was ihr eine wunderschöne Farbe verleiht.

Wichtig ist die Reisqualität. Die Beschaffenheit des Reis nach dem Kochen ist von großer Bedeutung; er muss locker und trocken sein, außen weich aber innen noch Biss haben.

Paella essen ist mitunter ein soziales Ereignis. Bei Geburtstagen, Namenstagen oder zu anderen Feierlichkeiten kommt diese köstliche Reispfanne in Spanien häufig auf den Tisch.

Meine erste Begegnung mit der Paella fand im Mai 1975 statt.

Die deutsche Wirtin eines Hotels in Pagueras auf Mallorca schrieb auf meine Bitte hin ihr persönliches Paella-Rezept auf zwei Bierdeckel. Ich habe es seither oft nachgekocht. In immer anderen Variationen und Geschmacksrichtungen. Aber immer lagen die Bierdeckel dabei.

Hier nun einige der vielen Möglichkeiten eine Paella zuzubereiten.

Eine Paellapfanne ist etwa 4 cm tief und in verschiedenen Größen erhältlich. Für 6-8 Portionen reicht eine Pfanne mit einem Durchmesser von 35 cm. Wenn Sie keine Paellapfanne besitzen, können Sie eine normale Pfanne benutzen. Der Reis für die Paella sollte mittelkörnig sein. In Feinkostläden bekommen Sie original „Valencianischen Reis", das ist die Sorte, die in der Provinz Valencia angebaut wird.

Paella valenciana I.

VALENCIANISCHE PAELLA – SCHLICHTE VERSION

FÜR 6 PERSONEN

6 El Olivenöl
Salz
600 g Hähnchen (Brust/Unterkeule)
500 g Kaninchenfleisch (Keule/Rücken)
180 g Garrofo (Weiße Bohnen, über Nacht
eingeweicht)
180 g Tavella (oder andere junge Bohnenkerne)
250 g Ferraura (grüne Bohnen)
2 Fleischtomaten, gehäutet und ohne Kerne gehackt
1 El süßes Paprikapulver
1 Döschen Safran
600 g Reis
24 Miesmuscheln, vorgegart

Das Olivenöl in der Paellapfanne erhitzen. Salz in das Öl streuen. Das gewürfelte Hähnchen- und Kaninchenfleisch bei sanfter Hitze goldbraun braten. Alle Bohnensorten in die Pfanne geben und gut unterheben. Einige Minuten mitbraten. Die gehackten Fleischtomaten zufügen. Wenn die Tomaten weich sind, alles mit Paprikapulver bestäuben. Etwas heißes Wasser angießen. Wenn die Flüssigkeit zu kochen beginnt, Safran dazugeben. Alles ca. 15 Minuten köcheln lassen. Nun den Reis gut unterheben und so viel heißes Wasser angießen, bis alles bedeckt ist. 6-7 Minuten bei starker Hitze kochen. Danach die Hitze reduzieren und weitere 10 Minuten köcheln lassen. Die Miesmuscheln auf dem Reis verteilen. Wenn die ganze Flüssigkeit aufgesogen und verkocht ist, hat der Reis den richtigen Biss und die Paella kann serviert werden. Ist der Reis noch zu hart, ein wenig heißes Wasser angießen und noch einige Zeit schmurgeln lassen.

Paella valenciana II.

VALENCIANISCHE PAELLA – ÜPPIGE VERSION

FÜR 4 PERSONEN

4 ganze Hühnerbrüste
5 El Olivenöl
3 Fleischtomaten
3 Paprika (rot, grün, gelb)
1 Gemüsezwiebel
3 Knoblauchzehen
300 g Tintenfischringe Natur (TK-Produkt)
500 g Valencianischen Reis
2 Döschen Safran
Salz
300 g Venusmuscheln
500 g Miesmuscheln
300 g Garnelen
8 Langostinos
250 g Erbsen (TK-Produkt)
1 unbehandelte Zitrone
8 schwarze Oliven
8 grüne Oliven

Die Hühnerbrüste klein schneiden. Das Öl in einer Paellapfanne erhitzen, die Fleischstücke darin von allen Seiten anbraten. Fleischtomaten, Paprikaschoten, Zwiebel und die Knoblauchzehen waschen, putzen und in kleine Stücke schneiden. Zum Fleisch in die Pfanne geben und 10 Minuten kräftig braten. Die aufgetauten Tintenfischringe und den Reis zufügen.

So viel heißes Wasser angießen, dass alles bedeckt ist. Den Safran mit einer guten Prise Salz unter die Reismischung rühren. Die Muscheln unter fließendem Wasser gründlich abbürsten und die Bärte entfernen. Bereits geöffnete Muscheln entsorgen. Die Muscheln auf den Reis setzen und ca. 20 Minuten offen garen lassen. Die Garnelen und die Langostinos ebenfalls gründlich waschen und 10 Minuten vor Ende der Garzeit in den Reis geben. Die Erbsen unterarbeiten. Die Paella von der Flamme ziehen und einige Minuten ruhen lassen. Wenn sie nicht ganz so heiß ist, entwickeln sich die Aromen der einzelnen Zutaten besser.

Zum Servieren die Zitrone in Viertel schneiden und mit den Oliven auf der Paella verteilen.

Paella de mariscos

PAELLA MATROSENART

FÜR 4 PERSONEN

200 ml Olivenöl
8 Gambas
8 Langostinos
200 g kleine Garnelen
250 g Tintenfischringe
2 Fleischtomaten, gehäutet
und ohne Kerne grob gehackt
500 g Reis
Salz
Weißer Pfeffer aus der Mühle
1 ¹/₂ l Fischfond
2 Döschen Safran
24 Miesmuscheln, vorgegart

Olivenöl in der Paellapfanne erhitzen, Gambas, Langostinos und kleine Garnelen darin braten. Aus der Pfanne auf einen Teller heben und beiseite stellen. Nun die trocken getupften Tintenfischringe mit den Tomatenwürfeln in das heiße Öl geben. Den Reis einarbeiten, mit Salz und Pfeffer würzen und den Fischfond angießen. Safran in einer Tasse mit etwas Fischfond anrühren und in die Pfanne geben. Alles 10 Minuten bei großer Hitze kochen. Hitze reduzieren und weitere 10 Minuten köcheln. Gambas, Langostinos, kleine Garnelen und die Miesmuscheln auf dem Reis verteilen und langsam erwärmen.

Vom Herd ziehen und vor dem Servieren einen Moment ruhen lassen.

Paella de verduras

VEGETARISCHE PAELLA

FÜR 4 PERSONEN

200 ml Olivenöl
5 Stangen weißer Spargel, in 3 cm lange Stücke
geschnitten, Köpfe separat legen
3 Knoblauchzehen, fein gehackt
1 Aubergine, gewürfelt
2 Paprika, geputzt und gewürfelt
250 g breite grüne Bohnen
250 g weiße Bohnen (über Nacht eingeweicht)
250 g Mangold, mit Stielen grob geschnitten
100 g Erbsen (TK-Produkt)
4 Artischockenherzen
2 Fleischtomaten, gehäutet und ohne Kerne
400 g Valencianischer Reis
1 l Gemüsebrühe
Salz
Schwarzer Pfeffer aus der Mühle
2 Döschen Safran

Das Olivenöl in der Pfanne erhitzen. Zuerst die Spargelköpfe darin anbraten, anschließend aus der Pfanne heben und beiseite stellen. Den Knoblauch in das Öl geben und darin andünsten. Das Gemüse mit den Bohnen zufügen, kurz anbraten und den Reis einfüllen.

Die Gemüsebrühe angießen und mit Salz, Pfeffer und Safran würzen. 10 Minuten auf größter Flamme kochen. Hitze herunterschalten und weitere 10 Minuten garen.

Wird die Paella zu trocken, noch ein wenig Gemüsebrühe nachgießen. Die Spargelköpfe auf der Paella anrichten und das Gericht vor dem Servieren etwas ziehen lassen.

Arroz gratinado costra

REIS UNTER DER KRUSTE

FÜR 4 PERSONEN

100 g Kichererbsen
(über Nacht in Wasser eingeweicht)
3 Knoblauchzehen, fein gehackt
1 Zwiebel, fein gehackt
2 Lorbeerblätter
1 Hähnchen, in 6-8 Teile zerteilt
150 g Chorizo-Wurst, grob zerteilt
2 El Olivenöl
150 g Serranoschinken, gewürfelt
400 g Reis
Salz
Weißer Pfeffer aus der Mühle
¹/₂ Tl mildes Pimentón (spnisches Paprikagewürz)
1 Döschen Safran
3 Eier
3 El Semmelbrösel
3 El geriebener Schafskäse (Manchego)

Die eingeweichten Kichererbsen, in 1 ¹/₂ l Wasser mit Knoblauch, Zwiebel und Lorbeerblättern kochen. Hähnchenteile und Wurststücke zufügen. Auf kleiner Flamme garen. Nach 30 Minuten das Hühnerfleisch, die Wurst und die Lorbeerblätter aus dem Sud heben. Die Kichererbsen über einem Sieb abgießen und den Sud auffangen.

Das Olivenöl in einer backofentauglichen Pfanne erhitzen, Reis und Schinkenwürfel darin andünsten. 1 l Erbsensud angießen, mit Salz, Pfeffer, Pimentón und Safran würzen. 15 Minuten köcheln lassen.

Die Chorizo-Wurst in Scheiben schneiden, das Hähnchenfleisch von den Knochen lösen und unter den Reis mischen. Weitere 5 Minuten köcheln. Die Eier verquirlen und über den Reis gießen.

Semmelbrösel mit dem geriebenen Käse mischen, über den Reis streuen und mit Olivenöl beträufeln. Im auf 220 °C vorgeheizten Backofen in 8-10 Minuten goldgelb überbacken.

Arroz emperado

REIS MIT WEISSEN BOHNEN

FÜR 4 PERSONEN

100 g weiße Bohnen (über Nacht eingeweicht)
50 g Tavella (junge grüne Bohnenkerne)
1 ganze Knoblauchknolle
750 ml Gemüsebrühe
2 Döschen Safran
1 Lorbeerblatt
300 g Rundkornreis
1 Fleischtomate, gehäutet und ohne Kerne,
fein gehackt
3 El Olivenöl
3 Knoblauchzehen, fein gehackt
1 Tl Paprikapulver
Salz
Schwarzer Pfeffer aus der Mühle

Die eingeweichten Bohnen in 1 l Wasser etwa 1 Stunde lang garen. 15 Minuten vor Ende der Kochzeit die grünen Bohnenkerne zufügen und mitkochen.

Die Knoblauchknolle ungeschält in einen Topf geben, mit der Gemüsebrühe begießen und aufkochen. Safran, Lorbeerblatt und Reis beifügen und auf kleiner Flamme ca. 20 Minuten köcheln lassen. Die Gemüsebrühe muss vom Reis ganz aufgesogen werden.

In einem großen Topf das Olivenöl erhitzen, gehackten Knoblauch, Paprikapulver und die gehackte Tomate darin anbraten.

Die Knoblauchknolle mit dem Lorbeerblatt aus dem Reis nehmen. Die Bohnen abgießen.

Reis mit den Bohnen in den großen Topf zu Knoblauch und Tomate geben und gut vermischen. Mit Salz und Pfeffer abschmecken.

Dieser Reis ist eine wohlschmeckende Beilage zu allen Fleischgerichten.

Wenn noch etwas Reis übrig bleibt, kann man daraus mit 1 Ei und Semmelbröseln kleine Reisbällchen formen und im heißen Fett ausbacken.

Arroz con borraja

REIS MIT BORRETSCH

FÜR 4 PERSONEN

1 Zwiebel
50 g Rindermark
2 El Olivenöl
250 g Rundkornreis
125 ml Weißwein
500 ml Gemüsebrühe
1 Döschen Safran
Salz
Schwarzer Pfeffer aus der Mühle
350 g Mangold, waschen, grob hacken
100 g gehackte Mandeln
1 Bund Borretsch (ein paar Blättchen zum Anrichten
zurück behalten)
30 g frisch geriebener Manchego

Zwiebel schälen und fein würfeln. Rindermark aus dem Knochen drücken und ebenfalls fein würfeln.

Das Rindermark im Olivenöl auslassen, Zwiebel und Reis einfüllen, glasig dünsten und mit dem Weißwein ablöschen. Anschließend die 500 ml Gemüsebrühe nach und nach zugeben und den Safran unterziehen. Die Flüssigkeit muss vom Reis aufgesogen werden. Den Reis dabei immer wieder umrühren. Mit Salz und Pfeffer würzen. Nach 15 Minuten Kochzeit den gehackten Mangold zum Reis hinzufügen.

Kochfeld ausschalten, Deckel auf den Topf legen und den Reis 8-10 Minuten auf ausgeschalteter Kochstelle ziehen lassen.

Die Mandeln in der Pfanne in etwas Öl rösten. Den Borretsch waschen, trocken schleudern, grob hacken und mit dem geriebenen Käse kurz vor dem Servieren unter den Reis ziehen.

Den Reis in einer Schüssel anrichten, mit Mandeln bestreuen und mit Borretschblättchen dekorieren.

Dieser Reis passt wunderbar zu den Lummerkoteletts im Päckchen von Seite 83.

Arroz Valencia

GESCHMORTER VALENCIANISCHER REIS

FÜR 6 PERSONEN

---

*Dies ist eine schlichte Reisspeise, die zu allem kurz
Gebratenen gut passt.*

---

100 g Butter
1 kleine Zwiebel, fein gehackt
400 g Rundkornreis
1 ¹/₂ l Gemüsebrühe
1 Döschen Safran
Salz
Weißer Pfeffer aus der Mühle
100 g frisch geriebener Manchego

Die Butter in einem großen Topf erhitzen und darin die Zwiebel mit dem Reis glasig werden lassen. Nach und nach die Gemüsebrühe einfüllen und den Safran unterrühren. Den Reis immer wieder umrühren, damit er nicht anbrennt. Es dauert ca. 25 Minuten, bis der Reis die ganze Flüssigkeit aufgesogen hat. Zum Schluss die Hälfte des geriebenen Manchegos unterrühren.

Die andere Hälfte wird separat gereicht, und nach Geschmack auf die servierte Speise gestreut.

Arroz frutos del mar

REIS MIT MEERESFRÜCHTEN

FÜR 4 PERSONEN

---

500 g Fenchel
100 g Zwiebeln
1 kg Miesmuscheln
8 rohe Riesengarnelen
2 Lorbeerblätter
1 El Dill, grob gehackt
250 ml Weißwein
100 g Butter
250 g Rundkornreis
Weißer Pfeffer aus der Mühle
Salz
50 g frisch geriebener Manchego

Die Riesengarnelen am Rücken aufschneiden und den dunklen Faden (Darm) entfernen.

Lorbeerblätter und Dill mit dem Weißwein in einem Topf aufkochen, die Muscheln mit den Garnelen einfüllen, Deckel auflegen und für 6-8 Minuten darin garen. Muscheln und Garnelen über einem Sieb abgießen. Kochflüssigkeit auffangen und durch ein Teesieb filtern.

In einem Topf die Butter schmelzen. Fenchel mit der Zwiebel und dem Reis darin dünsten. Sie sollen keine Farbe annehmen. Mit dem Muschelsud aufgießen, pfeffern, salzen und gut vermischen. Bei mittlerer Hitze 15-20 Minuten garen, bis keine Flüssigkeit mehr im Topf ist.

Zwischenzeitlich die Muscheln und Garnelen von den Schalen befreien. Dann die Garnelen der Länge nach durchschneiden.

Muschel- und Garnelenfleisch unter den Reis heben und in einer vorgewärmten Schüssel anrichten. Mit Manchego bestreut servieren.

Fenchel putzen, würfeln und das Fenchelkraut fein hacken. Die Zwiebel fein hacken. Die Miesmuscheln unter fließendem kalten Wasser gründlich abbürsten und die Bärte entfernen.

Arroz con trufa

REIS MIT SCHWARZEN TRÜFFELN

FÜR 4-6 PERSONEN

*Dieses Gericht ist etwas kostspielig, doch das feine
Aroma wird Sie dafür entschädigen.*

1 l heiße Hühnerbrühe (wenig gesalzen)
1 kleine Zwiebel, gehackt
80 g Butter
350 g Rundkornreis
150 ml trockener Weißwein
Salz
Schwarzer Pfeffer aus der Mühle
1 schwarze Trüffel (ca. 40-50 g)
80 g alter Manchego, in grobe Späne gehobelt

Die Hühnerbrühe erhitzen, und die Zwiebelwürfel in der Hälfte der Butter glasig dünsten. Reis einfüllen und ebenfalls glasig dünsten.
Mit einer Suppenkelle heißer Hühnerbrühe und
dem Weißwein ablöschen. Reis im offenen Topf
kochen, bis die Flüssigkeit verdampft ist. Nun die
restliche Hühnerbrühe dazugießen. Deckel auflegen und bei kleiner Flamme den Reis für 20-25
Minuten ausquellen lassen. Danach den Deckel
abnehmen, damit die verbliebene Flüssigkeit verdampfen kann.
Den Trüffel mit einem Trüffelhobel in feine
Scheiben hobeln.
Den fertigen Reis in eine vorgewärmte Schüssel
füllen. Trüffel und Manchego (bis auf einen kleinen Rest) unter den heißen Reis heben. Den
restlichen Käse auf den Reis streuen und mit
Butterflöckchen belegen. Sofort servieren.
Diesen Reis sollten Sie pur genießen, damit der
kräftige Trüffelgeschmack voll zur Geltung
kommt.

Arroz con morillas

REIS MIT MORCHELN

20 g getrocknete Morcheln
15 g getrocknete Steinpilze
250 g frische Champignons
2 El Olivenöl
1 Zwiebel, fein gehackt
250 g Rundkornreis
Salz
Weißer Pfeffer aus der Mühle
125 ml Weißwein
375 ml Gemüsebrühe
3 El Sahne

Die getrockneten Pilze getrennt mit heißem Wasser übergießen und 30 Minuten quellen lassen. Da die Morcheln sehr sandig sind, das Wasser mehrfach wechseln.

Die Champignons putzen und in nicht zu dünne Scheiben schneiden. Das Olivenöl in einem Topf erhitzen, darin die Zwiebel glasig dünsten. Reis und die gut ausgedrückten Pilze zufügen. Salzen, pfeffern, Wein und Brühe angießen. Aufkochen und bei kleiner Hitze für 20 Minuten ausquellen lassen. Die frischen Champignons unterheben und weitere 10 Minuten garen. Zum Schluss die Sahne unterziehen.

In tiefen Tellern sehr heiß servieren.

Arroz negro

SCHWARZER REIS

FÜR 4 PERSONEN

*500 g frische, möglichst kleine Tintenfische
mit Tintenbeuteln
4 El Olivenöl
2 kleine Zwiebeln, gehackt
3 Knoblauchzehen, fein gehackt
1 Bund glatte Petersilie, fein gehackt
150 ml Weißwein
500 ml Fischfond
300 g Rundkornreis
1 Fleischtomate, gehäutet und fein gehackt
Salz
Schwarzer Pfeffer aus der Mühle
2 El Zitronensaft*

Die Tintefische vom Fischhändler vorbereiten lassen (Augen, Knochen, Maul und Tintenbeutel entfernen). Tintenbeutel mitnehmen. Fische gründlich in kaltem Wasser waschen, trockentupfen und in feine Streifen schneiden. Olivenöl in einem Topf erhitzen, darin die Zwiebel mit dem Knoblauch andünsten. Tintenfische dazugeben. Wein angießen, den Inhalt der Tintenbeutel ausdrücken und darunter ziehen. Im offenen Topf 15 Minuten köcheln lassen und gelegentlich umrühren. Fischfond zusammen mit dem Reis dazugeben. Gehackte Tomate unterrühren. Für 30 Minuten im offenen Topf bei kleiner Flamme köcheln. Der Reis muss alle Flüssigkeit aufgesogen haben. Nun mit Salz, Pfeffer und Zitronensaft abschmecken.

Auf vorgewärmten Tellern servieren.

Arroz con conejo

KANINCHEN–REISTOPF

1 Kaninchen (mit Innereien)

100 g durchwachsener Speck, geräuchert und in Würfel geschnitten

150 ml Olivenöl

Salz

Schwarzer Pfeffer aus der Mühle

1 Gemüsezwiebel, fein gehackt

3 Knoblauchzehen, fein gehackt

3 Fleischtomaten, ohne Haut und fein gehackt

1 rote Paprikaschote

250 g Sellerie, geschält und gewürfelt

1 Möhre, geschält und gewürfelt

1 El gehackte Rosmarinnadeln

1 El Thymianblättchen

500 ml Rotwein

200 g Reis

2 Döschen Safran

500 ml Wildfond

1 El glatte Petersilie, gehackt

Kaninchen waschen, trockentupfen und in 6–8 Teile zerlegen. Mit den Speckwürfeln in der Hälfte des Olivenöls in einer großen Kasserolle anbraten. Salzen und pfeffern. Sobald die Kaninchenteile goldbraun sind, aus dem Topf heben und beiseite stellen. Alle Gemüse und Kräuter, bis auf die Petersilie, in die Kasserolle geben, anbraten und die Kaninchenteile wieder auflegen, mit Rosmarin und Thymian gut vermischen. Mit Rotwein ablöschen und ca. 20 Minuten köcheln lassen.

Reis und Safran einstreuen, mit dem Wildfond aufgießen und bei kleiner Flamme ca. 25 Minuten köcheln lassen.

Unterdessen Herz, Leber und die Nierchen in kleine Stücke teilen, in einer Pfanne im restlichen Olivenöl braten. Pfeffern, salzen und die Petersilie unter den Kaninchenreis mischen.

Auf Mallorca wird dieses Gericht in einer Tonschüssel angerichtet und mit herzhaftem Landbrot und Rotwein gereicht.

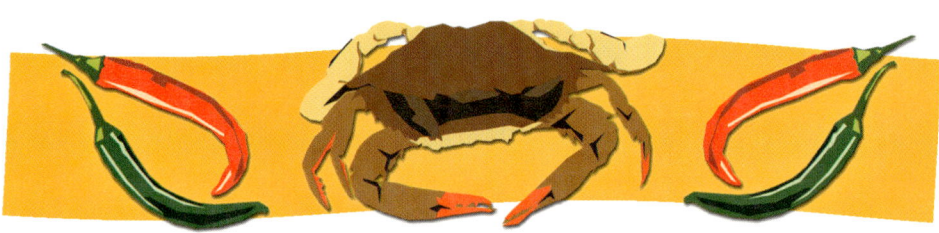

Salate

Salate

Die große Auswahl an Obst, Gemüse und Rohkost auf den spanischen Märkten ist so verlockend, dass kaum eine Mahlzeit ohne einen Salat beginnt. Salate werden als leichtes Zwischengericht oder etwas üppiger zusammengestellt als gesunde, leichte Hauptmahlzeit gereicht.

Ensalada de zanahoria

MÖHRENSALAT

FÜR 4 PERSONEN

500 g Möhren
1 Prise Zucker
2 Knoblauchzehen
2 El Zitronensaft
5 El natives Olivenöl
Salz
Weißer Pfeffer aus der Mühle
$^1/_2$ Tl Rosenpaprikapulver
1 El Oreganoblättchen, frisch gehackt
1 El glatte Petersilie, fein gehackt
einige schöne gewaschene Salatblätter

Die Möhren schälen und in Scheiben schneiden. Knapp mit Salzwasser bedeckt 10 Minuten garen und anschließend abgießen. In eine Schüssel füllen, mit der Prise Zucker bestreuen und gut vermischen.

Den Knoblauch schälen, durch die Knoblauchpresse drücken, in einer Schüssel mit Zitronensaft, Olivenöl, Salz, Pfeffer, Rosenpaprika, Oregano und Petersilie vermengen.

Diese Marinade über die noch lauwarmen Möhren geben und gut durchziehen lassen.

Zum Anrichten Teller mit den Salatblätter auslegen und den Möhrensalat darauf verteilen.

Pipirrana

BUNTER SALAT

Alle Gemüse waschen und putzen. Die Paprikaschoten aufschneiden, Kerne und weiße Häutchen wegschneiden. Gurke halbieren und die Kerne mit einem Löffel auskratzen. Die Fleischtomaten überbrühen, Haut abziehen und Kerne entfernen. Den Sellerie von seinen harten Fäden befreien. Die Möhre schälen. Alle Gemüse in sehr kleine Würfelchen schneiden.

Die Gemüsezwiebel schälen, fein würfeln, in ein Sieb geben und mit heißem Wasser übergießen. Anschließend gut trockenschleudern. Durch diese Behandlung verliert sie ihren zwiebeligen Nachgeschmack.

Alle Gemüse in eine große Schüssel füllen. Aus Sherry-Essig, schwarzem Pfeffer, Salz, Knoblauch und Petersilie ein Dressing zubereiten. Wenn sich das Salz in der Marinade aufgelöst hat, das Olivenöl darunter mischen.

Die Soße über die Gemüse geben und gut vermengen.

Der Salat muss gut 1 Stunde ziehen und wird mit Weißbrot serviert.

Ensalada rusa

RUSSISCHER SALAT

FÜR 4 PERSONEN

750 g Kartoffeln, mehlige Sorte
200 g Kenia Bohnen
Salz
200 g Möhren
100 g Erbsen (TK)
Schwarzer Pfeffer aus der Mühle
Saft einer Zitrone
4 Eigelb
250 ml natives Olivenöl
1 gepresste Knoblauchzehe
1 Tl Kerbelblättchen

Kartoffeln waschen und mit der Schale in kaltem Wasser aufsetzen. 25-30 Minuten kochen, die Schale darf jedoch nicht aufplatzen.

Mit kaltem Wasser abschrecken, Schale abpellen und die Kartoffeln in mundgerechte Würfel schneiden. In eine große Schüssel füllen. Die Bohnen putzen, klein schneiden, in Salzwasser 10 Minuten kochen, kalt abschrecken und gut abtropfen lassen. Möhren schälen, klein würfeln, mit den Erbsen in kochendem Salzwasser 5 Minuten garen, ebenfalls kalt abschrecken, abtropfen lassen und mit den Bohnen zu den Kartoffeln geben. Die Eigelbe mit Salz, Pfeffer und Zitronensaft verrühren. Mit dem Stabmixer aufschlagen und im dünnen Strahl das Olivenöl dazufließen lassen. Wenn die Majonäse eine cremige Konsistenz hat, den gepressten Knoblauch und den Kerbel unterheben. Die Majonäse über den Salat geben und alles gut vermischen.
Der Salat muss einige Zeit im Kühlschrank durchziehen.

Ensalada con espárragos

SALAT MIT GEBRATENEM SPARGEL

FÜR 4 PERSONEN

¹/₂ Eisbergsalat
8 Stangen weißer Spargel, geschält
2 El Olivenöl
1 kleine Salatgurke
2 Fleischtomaten
1 gelbe Paprikaschote
1 Gemüsezwiebel
1 hart gekochtes Eigelb
3 El Sherry-Essig
Salz
Weißer Pfeffer aus der Mühle
1 Tl Senf
125 ml natives Olivenöl

Eisbergsalat waschen, trockenschleudern und in Streifen schneiden. In einer Pfanne Olivenöl erhitzen und den Spargel darin von allen Seiten goldbraun braten. Aus der Pfanne nehmen und beiseite stellen.
Salatgurke, Fleischtomaten und die Paprikaschote waschen und in dünne Scheiben schneiden. Danach die geschälte Zwiebel in feine Ringe schneiden. Den Eisbergsalat auf 4 Tellern anrichten, mit dem fein geschnittenen Gemüse und je zwei Spargelstangen, die längs halbiert wurden, belegen.
Das harte Eigelb durch ein Teesieb streichen. Mit Sherry-Essig, Salz, Pfeffer und Senf cremig aufschlagen. Das native Olivenöl unterarbeiten.
Zum Schluss die Soße gleichmäßig auf dem Salat verteilen. Dazu reicht man feines Weißbrot und einen trockenen Sherry.

Aguacate con scampi

AVOCADOSALAT MIT SCAMPI

FÜR 4 PERSONEN

2 Avocados
Saft einer Zitrone
Weißer Pfeffer aus der Mühle
Salz
1 Schale Kresse
2 El Olivenöl
1 gepresste Knoblauchzehe
16 Scampi, vorgekocht ohne Schale und Darm

Die Avocados schälen, halbieren, den Kern auslösen und in Scheiben schneiden. Sofort mit Zitronensaft beträufeln, damit sie nicht braun werden.

Auf 4 Teller verteilen und mit Pfeffer und Salz abschmecken. Die Kresse aus der Schale nehmen, abschneiden und um die Avocados streuen.

Das Olivenöl in einer Pfanne erhitzen, den gepressten Knoblauch im Öl schwenken und die Scampi zufügen. Kurz anbraten und die heißen Scampi auf den Avocados verteilen.

Dazu passt ein trockener, kühler Weißwein.

Jamón de Serrano con escarola

SERRANOSCHINKEN AUF ENDIVIENSALAT

FÜR 4 PERSONEN

¹/₂ Kopf Endiviensalat
1 Tl Senf
3 El Sherryessig
2 harte Eigelb
1 Prise Zucker
Salz
Weißer Pfeffer aus der Mühle
4 El Olivenöl
200 g Serranoschinken, in nicht zu dünne
Scheiben geschnitten

Den Endiviensalat in einzelne Blätter zerteilen, waschen und die harten Strünke abschneiden. Flache Teller damit auslegen.

Mit dem Stabmixer aus den angegeben Zutaten eine Vinaigrette rühren und über dem Endiviensalat verteilen. Sternförmig die Schinkenscheiben darauf anrichten.

Dazu passen geröstete Brotscheiben, die mit Knoblauch eingerieben und mit Olivenöl beträufelt sind.

Ensalada de atún

REISSALAT MIT THUNFISCH UND KAPERN

FÜR 4 PERSONEN

1 Tasse Reis
1 Dose Thunfisch im eigenen Saft
1 kleines Glas feine Kapern
Salz
Weißer Pfeffer aus der Mühle
4 Eigelb
1 Sardellenfilet
Saft von ¹/₂ Zitrone
125 ml Olivenöl

Den Reis in einen Topf geben, mit 2 ¹/₂ Tassen kaltem Wasser und etwas Salz bedecken. Deckel auflegen und kurz aufkochen, danach die Hitze sofort runterschalten. Auf kleiner Flamme ca. 15-18 Minuten ausquellen lassen. Die Flüssigkeit muss ganz verkocht sein. Reis in eine Schüssel füllen und ausdampfen lassen. Thunfisch abtropfen lassen und zerpflücken. Kapern in ein kleines Sieb geben und kurz mit kaltem Wasser abbrausen. Thunfisch und Kapern zum Reis geben, dabei gründlich mischen.

Salz, Pfeffer, Eigelb, Sardellenfilet und Zitronensaft mit dem Stabmixer aufschlagen und das Olivenöl in dünnen Strahl dazugeben. Die fertige Majonäse abschmecken und unter die Reismischung geben.

Den Salat im Kühlschrank einige Stunden ziehen lassen.

Er ist eine kleine komplette Mahlzeit.

Ensalada frutos del mar

MEERESFRÜCHTE-SALAT

FÜR 4 PERSONEN

500 g Dorschfilet
1 kleine Zwiebel
1 Gewürznelke
1 Knoblauchzehe
1 Lorbeerblatt
100 g marinierte Miesmuscheln aus dem Glas
250 g gekochte Garnelen
1 Zwiebel, fein gehackt
1 El Kapern
50 g schwarze Oliven, gehackt
50 g grüne Oliven, gehackt
Weißer Pfeffer aus der Mühle
Salz
125 ml Olivenöl
5 El Weißweinessig
1 El glatte Petersilie, gehackt

Das Dorschfilet auf einen Dünsteinsatz legen. In einem passenden Topf Wasser mit der Zwiebel, Gewürznelke, Knoblauchzehe und dem Lorbeerblatt aufkochen. Dünstsieb einsetzten und ca. 15 Minuten im Dampf garen. Herausheben, erkalten lassen und den Fisch in kleine Stücke teilen. Danach in eine Schüssel füllen

Die Miesmuscheln abgießen, mit den Garnelen, der gehackten Zwiebel, den Kapern und gehackten Oliven zum Fisch in die Schüssel geben.

Aus Pfeffer, Salz, Olivenöl und Weinessig eine Vinaigrette rühren. Die Petersilie dazugeben und das Dressing gut mit dem Fisch vermischen.

Den Fischsalat 1 Stunde im Kühlschrank ziehen lassen.

Mit frischem Weißbrot servieren.

Ensalada de apio con sanguina

SELLERIESALAT MIT BLUTORANGEN

FÜR 4 PERSONEN

1 Knollensellerie (ca. 500 g)
1 Zwiebel
Salz
4 Blutorangen
50 g schwarze Oliven
4 El Olivenöl
2 El Sherry-Essig
2 El Orangensaft
Salz
Weißer Pfeffer aus der Mühle

Den Sellerie schälen und mit einer Reibe zu feinen Stiften hobeln. In kochendem Wasser kurz blanchieren. Mit Eiswasser abschrecken, abtropfen lassen und in eine große Schüssel füllen.

Die Zwiebel auf der Küchenreibe zu Mus verarbeiten und zum Sellerie geben.

Die Blutorangen schälen und die weißen Häutchen vollständig entfernen. Die Orangefilets herausschneiden, dabei den austretenden Saft auffangen. Die Filets beiseite stellen.

Die Oliven vom Stein trennen, klein hacken und unter den Sellerie heben.

Aus Olivenöl, Sherry-Essig, Orangensaft (der beim schälen aufgefangen wurde), Salz und Pfeffer ein Dressing zubereiten. Darin die Orangenfilets für kurze Zeit marinieren. Nun alles unter den Sellerie heben und eine gute Stunde ziehen lassen. Wenn zu wenig Salatsoße vorhanden sein sollte, mit Orangensaft verlängern.

Ensalada huevo con espárragos

EIERSALAT MIT SPARGEL

FÜR 4 PERSONEN

5 Eier, hart gekocht
250 g Spargel, aus dem Glas
1 Apfel, geschält und gewürfelt
1 kleine Honigmelone,
zu Kugeln ausgestochen
1 Tl Senf
3 El Weißweinessig
1 Prise Zucker
Salz
Schwarzer Pfeffer aus der Mühle
3 El natives Olivenöl

Die Eier vierteln und beiseite stellen. Den Spargel abgießen, in kleine Stücke schneiden und in eine Schüssel füllen. Den gewürfelten Apfel und die Melonenkugeln zum Spargel geben und unterheben. Aus Senf, Weißweinessig, Zucker, Salz und schwarzem Pfeffer eine Soße rühren. Das Olivenöl mit einem Schneebesen einarbeiten, damit das Dressing cremig wird. Über den Schüsselinhalt gießen und gut vermischen. Zum Schluss die Eier vorsichtig unterheben, damit das Eigelb nicht aus den Vierteln fällt. 1 Stunde lang ziehen lassen.

Dieser Salat ist sehr fruchtig und lieblich. Cava und Weißbrot passen hervorragend dazu.

Eierspeisen

Eierspeisen – Tortillas

Die hier vorgestellten Tortillas sind kleine eigenständige Mahlzeiten, die schnell und ohne großen Aufwand zubereitet werden können. Sie überraschen immer wieder mit ihrer Vielseitigkeit und ihrem wundervollen Geschmack. Sie sollten mit Weißbrot und kühlem Wein oder Sherry serviert werden.

Tortilla de patatas

KARTOFFELOMELETTE

FÜR 4 PERSONEN

Diese Tortilla ist etwas üppiger und reicht für vier Personen als Vorspeise, für zwei als kleiner Hauptgang.

1 kg Kartoffeln, mehlig kochend
2–3 Zwiebel
100 ml Olivenöl
Schwarzer Pfeffer aus der Mühle
Salz
8 Eier, mittelgroß

Die Kartoffeln schälen, waschen und in feine Scheiben schneiden. Zwiebeln schälen und in nicht zu kleine Würfel schneiden.
Die Hälfte des Olivenöls in einer mittelgroßen Pfanne mit flachem Rand erhitzen. Kartoffelscheiben einfüllen, die Zwiebeln kurz danach unterheben und alles mit Pfeffer und Salz würzen. Bei mittlerer Hitze ca. 20-25 Minuten sanft braten. Achtung! Die Unterseite darf nicht zu braun werden.
Die Eier in einer Schüssel aufschlagen und verquirlen. Den Pfanneninhalt etwas abkühlen lassen und zu der Eiermasse geben. Die Eiermasse muss alles umschließen.
Das restliche Olivenöl in der Pfanne erhitzen, die Kartoffeln wieder in die Pfanne geben. Bei mittlerer Hitze die Eier etwa 8 Minuten stocken lassen. Die Pfanne immer wieder rütteln, damit nichts ansetzt. Einen flachen Teller auf die Pfanne legen. Die Pfanne nun mit Schwung wenden, so dass die Tortilla auf dem Teller landet. Jetzt die ungebackene Seite der Tortilla auf den Pfannenboden gleiten lassen. Nach weiteren 8 Minuten ist die Tortilla fertig. Man schneidet sie wie eine Torte auf und serviert sie mit frischem grünen Salat.

Tortilla pimientos
PAPRIKA–TORTILLA

FÜR 4 PERSONEN

Je 1 rote und grüne Paprikaschote
2 Fleischtomaten
3 Scheiben gekochter Schinken
5 Frühlingszwiebeln
5 Knoblauchzehen
4 El Olivenöl
Schwarzer Pfeffer aus der Mühle
Salz
4 schwarze Oliven, gehackt
4 Eier

Die Paprikaschoten halbieren. Kerne und weiße Häutchen entfernen. Auf ein Backblech legen und in den auf 250 °C vorgeheizten Backofen schieben. Nach ca. 20 Minuten wirft die Haut Blasen.

Backblech aus dem Ofen nehmen und mit einem feuchten Küchentuch bedecken. Wenn alles abgekühlt ist, die Haut von den Paprika abziehen und die Paprika in feine Streifen schneiden.

Die Fleischtomaten mit kochendem Wasser überbrühen. Die Haut abziehen und den Stielansatz herausschneiden. Die Kerne entfernen und das Fruchtfleisch klein würfeln. Den Schinken in feine Streifen schneiden. Die Frühlingszwiebeln putzen und in dünne Ringe schneiden. Den Knoblauch schälen und durch die Presse drücken.

Die Hälfte des Olivenöls in einer Pfanne erhitzen. Schinkenstreifen, Frühlingszwiebeln und Knoblauch darin andünsten. Paprikastreifen und Tomatenwürfel dazugeben. Mit Pfeffer, Salz und Oliven abschmecken und so lange köcheln, bis alle Flüssigkeit verdampft ist. In eine Schüssel geben.

In der gleichen Pfanne das verbliebene Olivenöl erhitzen. Die Eier aufschlagen, verquirlen, mit Pfeffer und Salz würzen und in die Pfanne geben. Bei schwacher Hitze 3-4 Minuten stocken lassen. Die Gemüsemischung darauf verteilen. Zugedeckt weitere 8-10 Minuten garen.

In Viertel geteilt auf Teller anrichten.

Huevos al estilo de Sóller

EIER IM GEMÜSEBETT

FÜR 4 PERSONEN

300 g Kartoffeln, mehlig kochend
5 El Olivenöl
4 Frühlingszwiebeln, in feine Ringe geschnitten
3 Knoblauchzehen, gehackt
1 rote Paprikaschote, in kleine Würfel geschnitten
1 Zucchini, in feine kleine Streifen geschnitten
200 g Chorizo (rote Paprikawurst), gewürfelt
200 g Serranoschinken, gewürfelt
2 große Fleischtomaten, geschält und gehackt
200 g Erbsen (TK)
Schwarzer Pfeffer aus der Mühle
Salz
1 Tl Piménton (spanisches Paprikagewürz)
8 Eier
1 El Petersilie

D ie Kartoffeln schälen, waschen und in feine Würfel schneiden. 4 El Olivenöl in einer ausreichend großen Pfanne erhitzen. Darin die Kartoffelwürfel kross anbraten.

Frühlingszwiebeln, Knoblauch, Paprika und die Zucchini zu den Kartoffeln in die Pfanne geben und unterheben. Das Gemüse sollte mit Olivenöl benetzt sein. Wurststücke und Schinkenwürfel unter das Gemüse mischen. Bei kleiner Flamme ca. 15 Minuten dünsten.

Die gehackten Tomaten mit den Erbsen unterrühren. Mit reichlich Pfeffer und etwas Salz würzen. 2-3 Minuten bei starker Hitze garen, damit die Kochflüssigkeit verdunstet.

Eine Auflaufform mit dem restlichen Olivenöl ausstreichen, die Masse einfüllen und mit Piménton und Petersilie bestreuen. Mit einem Esslöffel 8 gleichmäßige Mulden in das Gemüse drücken. Je ein Ei in eine Mulde gleiten lassen.

Die Auflaufform in den auf 180 °C vorgeheizten Backofen schieben. In 10-12 Minuten sind die Eier gestockt und können mit dem Gemüse in der Form serviert werden.

Tortilla de mariscos

TORTILLA MIT MEERESFRÜCHTEN

FÜR 4 PERSONEN

Diese Tortilla ist etwas üppiger und reicht für vier Personen als Vorspeise, für zwei als kleiner Hauptgang.

100 g Krabben, in Lake
3 El Olivenöl
100 g Miesmuschelfleisch aus der Dose
100 Tintenfischringe, mariniert
1 El Petersilie, gehackt
Weißer Pfeffer aus der Mühle
Salz
6 Eier

Krabben in ein Sieb geben, kurz unter kaltem Wasser abbrausen und abtropfen lassen.

2 El Olivenöl in einer Pfanne erhitzen. Miesmuscheln mit den abgetropften Krabben kurz in die Pfanne geben und erhitzen. Mit Petersilie, Pfeffer und Salz würzen.

Die Eier in einer Schüssel aufschlagen, den etwas abgekühlten Pfanneninhalt in die Eiermasse geben und gut vermischen.

Den letzten Löffel Olivenöl in die Pfanne geben, die Eiermasse einfüllen und stocken lassen.

Die Tortilla auf eine Platte gleiten lassen und in Viertel teilen.

Tortilla de sardinas

TORTILLA MIT SARDINEN

FÜR 4 PERSONEN

3 El Olivenöl
8 frische Sardinenfilets
4 Eier
1 Tl Kapern (Nonpareilles)
Weißer Pfeffer aus der Mühle
1 Prise Salz

2 El Olivenöl erhitzen. Die Sardinenfilets darin von beiden Seiten braten und auf einen Teller legen.

Die Eier in einer Schüssel verrühren. Restliches Olivenöl in der Pfanne erhitzen und die aufgeschlagenen Eier einfüllen. Darauf die Sardinenfilets sternförmig anordnen und mit den Kapern bestreuen. Mit Pfeffer und Salz würzen. Die Tortilla ca. 8 Minuten stocken lassen. Die Oberseite muss noch feucht glänzen, dann kann man sie aus der Pfanne heben und servieren.

Tortilla de espárragos trigueros

TORTILLA MIT GRÜNEM SPARGEL

FÜR 4 PERSONEN

4 Stangen grüner Spargel
3 El Olivenöl
3 El Sahne
4 Eier
Weißer Pfeffer aus der Mühle
Salz

Den Spargel nur am unteren Ende schälen und in Stücke schneiden. Nur die Spargelstangen, ohne die Köpfe, 10 Minuten in kochendem Salzwasser garen. Danach sofort in Eiswasser abschrecken.

2 El Olivenöl in der Pfanne erhitzen, den abgetropften Spargel mit den Köpfen darin etwa 3 Minuten braten. Aus der Pfanne nehmen.

In einer Schüssel die Eier mit der Sahne verquirlen. In der Pfanne das restliche Olivenöl erhitzen und die Eiersahne einfüllen. Leicht stocken lassen. Nun die Spargelstücke darauf anordnen. Die Pfanne etwas rütteln, damit die Spargelstücke leicht von der Eiermasse umschlossen werden. Mit Pfeffer und Salz würzen und noch heiß servieren.

Tortilla a la cazadora

TORTILLA MIT FRISCHEN PILZEN

FÜR 4 PERSONEN

4 El Olivenöl
300 g gemischte Pilze, in feine Scheiben geschnitten
50 g Serranoschinken, gewürfelt
4 Eier
Schwarzer Pfeffer aus der Mühle
Salz
1 El Petersilie

3 El Olivenöl in einer Pfanne erhitzen. Die Pilze darin kräftig anbraten, bis die Pilzflüssigkeit verdampft ist. Die Schinkenwürfel dazugeben, aber nur kurz braten. Die Pilzmischung aus der Pfanne heben. In derselben Pfanne das verbliebene Olivenöl erhitzen.

Die Eier in einer Schüssel aufschlagen, mit Pfeffer, Salz und Petersilie vermischen. Die Pilz-Schinkenmischung unterziehen und in das heiße Olivenöl geben. Aus der Pfanne heben und mit frischem Salat reichen.

Diese Tortilla schmeckt auch kalt.

Tortilla de espinacas

TORTILLA MIT SPINAT

FÜR 4 PERSONEN

300 g Blattspinat (TK)
1 Knoblauchzehe
Weißer Pfeffer aus der Mühle
Salz
Muskat, frisch gerieben
4 El Olivenöl
4 Eier
3 El Sahne

Den Blattspinat auftauen und gut ausdrücken. Die Knoblauchzehe schälen, durch eine Presse drücken und mit etwas Olivenöl mischen. In einem Topf 1 El Olivenöl erhitzen, darin den Spinat 5 Minuten dünsten. Mit Knoblauch, Pfeffer, Salz und Muskat würzen.

Die Eier mit der Sahne verquirlen.

Olivenöl in einer Pfanne erhitzen, Eiersahne einfüllen und sofort mit dem Spinat belegen. Alles ca. 8 Minuten stocken lassen.

Anschließend heiß servieren.

Tortilla de hierbas aromáticas

TORTILLA MIT FRISCHEN KRÄUTERN

FÜR 4 PERSONEN

1 Tl frischen Estragon, fein gewiegt
1 Tl frische Oreganoblättchen
1 Tl frische Thymianblättchen
1 Tl Petersilie, gehackt
4 Eier
3 El Sahne
Weißer Pfeffer aus der Mühle
Salz
Muskatnuss
3 El Olivenöl
2 El geriebener Manchego

Die frischen Kräuter mit den Eiern und der Sahne vermischen. Mit Pfeffer, Salz und frisch geriebener Muskatnuss würzen.

Olivenöl erhitzen. Aus der Eiermischung zwei dünne Tortillas backen. Aus der Pfanne heben und einrollen. Auf einen feuerfesten Teller legen und mit dem geriebenen Käse bestreuen. Kurz unter einem Grill überbacken.

Heiß mit Tomatensalat servieren.

Tortilla de atún

TORTILLA MIT THUNFISCH

FÜR 4 PERSONEN

1 Dose Thunfisch im eigenen Saft
4 Eier
3 El geriebener Tronchón (harter Schafskäse aus Aragonien)
Weißer Pfeffer aus der Mühle
Salz
3 El Olivenöl
1 Tl gehackte Petersilie

Den Thunfisch gut abtropfen lassen. Mit einer Gabel grob zerteilen.

Die Eier verquirlen, Thunfisch mit dem Käse unterheben und mit Pfeffer und Salz würzen.

Das Olivenöl in einer Pfanne erhitzen und die Eiermasse hineingeben. Die Tortilla auf beiden Seiten je 4 Minuten goldbraun braten.

Mit Petersilie bestreut servieren.

Tortilla de higado de pollo

TORTILLA MIT FRISCHER HÜHNERLEBER

FÜR 4 PERSONEN

500 g Hühnerleber
5 El Olivenöl
Schwarzer Pfeffer aus der Mühle
Salz
10 Eier
5 El Sahne
1 El gehackte Petersilie

Die Hühnerleber waschen, trockentupfen und gründlich von Häutchen und Sehnen befreien. Anschließend die Leber in größere Stücke schneiden.

2 El Olivenöl erhitzen, darin die Leber von jeder Seite 3 Minuten braten. Jetzt erst pfeffern und salzen. Aus der Pfanne heben, in 4 Portionen teilen und mit Alufolie zum Warmhalten abdecken. Die Eier mit der Sahne vermengen und die Petersilie unterziehen. Aus dieser Eiersahne nacheinander 4 Tortillas backen. Auf Tellern anrichten und jede Tortilla mit Hühnerleber belegen.

Mit einem frischen bunten Salat und einem kühlen Rotwein servieren.

Tortilla de chorizo

TORTILLA MIT CHORIZO

| FÜR 2 PERSONEN | Für die Aioli: |

150 g Chorizo, gewürfelt
1 gekochte Kartoffel, gewürfelt
3 Eier
1 El Olivenöl
Schwarzer Pfeffer aus der Mühle
1 Prise Salz

5 Knoblauchzehen
2 Eigelb
200 ml Olivenöl
2 El Zitronensaft
Salz
Weißer Pfeffer aus der Mühle

Die Chorizowürfel ohne Olivenöl in der Pfanne braten, bis Fett austritt. Die gewürfelte Kartoffel zufügen und beides kross braten. Aus der Pfanne heben. Die Eier mit Pfeffer und wenig Salz verrühren. Mit der Wurst und den Kartoffelwürfeln vermischen. Olivenöl in der Pfanne erhitzen. Die Masse einfüllen und auf beiden Seiten ca. 4 Minuten braten.
Auf einen Teller gleiten lassen, in Tortenstücke schneiden und mit Aioli servieren.

Die Knoblauchzehen schälen, durch die Knoblauchpresse in eine kleine Rührschüssel drücken und mit den Eigelb vermischen. Mit dem Pürierstab aufschlagen. Vorsichtig in einem dünnen Strahl das Öl dazugeben. Wenn die Soße cremig wird, den Zitronensaft zufügen. Mit Salz und weißem Pfeffer abschmecken. Die Aioli gut gekühlt servieren.

Desserts

Desserts

Ein gutes Menü wird stets mit einem Dessert beendet. Die spanischen Nachspeisen sind oftmals von der maurischen Küche beeinflusst. Sie sind süß und üppig und füllen auch den letzten Winkel im Magen.

Flao

BESCHWIPSTER KÄSEKUCHEN

FÜR 4 PERSONEN

Dieser Käsekuchen wird mit Schafsfrischkäse hergestellt. Er ist eine außerordentlich schmackhafte Variante von unserem Käsekuchen, der aus Quark gemacht wird. Seinen besonderen Geschmack erhält er durch frische Minzeblättchen und Anisschnaps. Er ist eine Spezialität der Insel Ibiza.

Springform von 26 cm Ø
300 g Mehl
2 El gemahlene Mandeln
1 Prise Salz
2 cl Anisschnaps
(der beste Anisschnaps kommt aus Chinchón)
4 El Olivenöl
4 Eier
175 g Zucker
400 g frischer, weicher Schafskäse
2 El frische Minze, fein gehackt
Fett für die Form
2 El brauner Zucker für die Kruste

Mehl in eine Rührschüssel sieben (das sollten Sie immer tun, da das Gebäck dann luftiger wird), gemahlene Mandeln, Salz und Anisschnaps mit 4–5 El kaltem Wasser zufügen und mit dem Handmixer zu einem elastischen Teig verarbeiten. Wenn der Teig zu krümelig ist, noch etwas Wasser zugeben, aber nur löffelweise. Den Teig zu einer Kugel formen und in den Kühlschrank legen.

Die Eier mit dem Zucker in einer Schüssel schaumig schlagen. Den Schafskäse löffelweise unterarbeiten. Die gehackte Minze dazugeben und vermischen.

Den Teig dünn ausrollen, in die gefettete Springform legen und den Rand ca. 4 cm hochziehen. Die Käsemasse gleichmäßig darauf verteilen. Die Oberfläche mit braunem Zucker bestreuen. So bekommt der Kuchen eine feine knusprige Karamelkruste.

Den Kuchen auf die mittlere Schiene in den auf 200 °C vorgeheizten Backofen stellen und etwa 35–40 Minuten backen. Mit einem Holzstäbchen die Garprobe machen. Bleibt beim Herausziehen noch Käsemasse am Stäbchen kleben, muss der Kuchen noch einige Minuten backen.

Zum Auskühlen auf ein Küchengitter stellen.

Postre medievae con nuez

WALNÜSSE MIT SCHICHTKÄSE UND HONIG

FÜR 4 PERSONEN

Ein sehr schnelles, einfaches aber überaus köstliches Dessert.

---

250 g Schichtkäse
8 El Honig
150 g Walnüsse, grob gehackt

Den Schichtkäse auf Dessertteller verteilen. Über jede Portion 2 Esslöffel Honig geben und mit Walnusskernen bestreuen.

Bienmesabe

MANDELCREME

FÜR 4 PERSONEN

---

250 g Mandeln, frisch gemahlen
175 g Zucker
2 Tropfen Zitronenöl
½ Tl Zimt
4 Eigelb

Die gemahlenen Mandeln ohne Fett in einer erhitzten Pfanne goldbraun rösten und vom Herd ziehen.
Achtung! Sie dürfen nicht zu dunkel werden, sonst werden sie bitter.
Den Zucker mit etwa 450 ml Wasser zu einem dickflüssigen Sirup aufkochen. Die gerösteten Mandeln mit Zitronenöl und Zimt unterrühren. Zum Auskühlen beiseite stellen. Die Eigelbe aufschlagen und unter die Mandelmasse ziehen. Jetzt alles noch einmal erhitzen. Dabei darf die Mandelcreme nicht mehr kochen. Heiß in Portionsschalen füllen und bis zum Servieren im Kühlschrank aufbewahren.

Churros werden schon zum Frühstück verspeist. In eine Tasse mit dickflüssiger Schokolade getaucht, machen sie bereits das Frühstück zu einem sinnlichen Erlebnis. Viele Spanier behaupten, dass die Churros nur erfunden worden sind, um sie in die allseits so beliebte dickflüssige Schokolade tauchen zu können. Diese Trinkschokolade muss so dick sein, dass der Löffel darin stehen bleibt.

Churros

FRITTIERTES SPRITZGEBÄCK

FÜR CA. 25 STÜCK

500 ml Wasser
1 Prise Salz
300 g Mehl
Olivenöl zum Fritieren

In einem Topf 500 ml Wasser mit der Prise Salz aufkochen. Den Topf vom Herd nehmen und das Mehl hineinsieben. Mit den Knethacken des Handmixers so lange bearbeiten, bis ein dicker Teig entstanden ist. Wenn sich der Teig leicht vom Topfboden löst, ist er fertig.
Den Topf mit einem Küchentuch abdecken und 30 Minuten ruhen lassen.

Olivenöl in einer Fritteuse erhitzen. Einen Teller mit Küchenpapier auslegen und neben die Fritteuse stellen. Den Teig in einen Spritzbeutel füllen und die Masse kringelförmig in das Öl geben. Nicht mehr als drei Kringel auf einmal ausbacken. Mit der Schaumkelle herausheben und zum Abtropfen auf das Küchenpapier legen. Die ausgebackenen Kringel mit Puderzucker bestreuen.

Dicke Schokolade
Pro Person 1 Tafel halbbittere Schokolade im Wasserbad schmelzen und in kleine Tässchen füllen. Zu den Churros reichen.
Wer mag, kann seine Schokolade mit spanischem Brandy verfeinern.

Heladode naranja

ORANGENEISBOMBE

FÜR 4 PERSONEN

250 g Zucker
250 ml Wasser
100 ml Blutorangensaft
300 ml flüssige Sahne
2 El Zitronensaft

Den Zucker mit 250 ml Wasser zu einem dicken, klaren Sirup aufkochen.
Den Blutorangensaft mit dem Zitronensaft unterrühren. Die Sahne halb fest schlagen und unter den Saft ziehen. In eine kleine runde Plastikschüssel füllen und im Eisfach für mindestens 8 Stunden gefrieren.
Zum Servieren die Form mit der Öffnung nach unten auf einen Teller stürzen, und mit einem in heißem Wasser ausgewrungenen Handtuch umlegen. Das Eis rutscht auf den Teller und kann mit einem Messer, das immer wieder in heißes Wasser getaucht wird, in Stücke geschnitten werden. Mit Minzeblättchen und Blutorangenscheiben verziert auf Desserttellern anrichten.

Crema Catalana

KATALANISCHE CREME

FÜR 4 PERSONEN

500 ml Milch
1 Vanilleschote
1 Zimtstange
2 Eier
3 Eigelb
80 g Zucker

Für die Karamellglasur:
100 g Zucker
125 ml Wasser

Für das Wasserbad einen großen Topf mit
Wasser erhitzen

Die Milch in einen Topf füllen. Die Vanilleschote längs aufschneiden und mit der Zimtstange in die Milch geben. Einmal aufkochen lassen, vom Herd nehmen und zugedeckt ziehen lassen.

In einer Metallschüssel die Eier mit den Eigelben und dem Zucker zu einer schaumigen Masse aufschlagen.

Vanilleschote und Zimtstange aus der Milch nehmen. Die Milch in feinem Strahl unter ständigem Rühren zur Eiercreme geben. Die Schüssel ins heiße Wasserbad stellen und die Creme aufschlagen. Die fertige Creme in Portionsschälchen füllen und abkühlen lassen.

In einem Topf den restlichen Zucker mit dem Wasser köcheln, bis eine dunkelbraune, dicke Karamellsoße entsteht. Noch heiß über die Creme geben und fest werden lassen.

Torrijas

ARME RITTER

FÜR 4 PERSONEN

200 g Zucker
250 ml Milch
4 Scheiben altbackenes Weißbrot mit Kruste,
je 2 cm dick
2 Eier
Öl zum Ausbacken
1 El gemahlener Zimt
3 El Zucker

Die Hälfte vom Zucker mit 125 ml Wasser zu einem Sirup einkochen.

Die Milch in eine Schüssel geben und mit der anderen Hälfte Zucker vermischen, bis sich der Zucker vollständig aufgelöst hat. Die Weißbrotscheiben hineinlegen und ca. 20 Minuten quellen lassen. Die Eier verquirlen und die Brotscheiben darin wenden.

Öl in einer Pfanne erhitzen und die Brotscheiben darin auf jeder Seite goldbraun backen. Die Brotscheiben auf eine Platte legen und mit dem Zuckersirup beträufeln.

Zimt und Zucker mischen und die Brotscheiben damit dick bestreuen.

Dazu passt Kakao oder wahlweise Sangria.

Tarta de almendras

MANDELTORTE

FÜR 4 PERSONEN

Für den Teig:
1 Ei
120 g Zucker
1 El gemahlene Mandeln
120 g Mehl

Für die Füllung:
3 Eier
1 Eigelb
250 g Zucker
Abgeriebene Schale von 1 unbehandelten Zitrone
250 g gemahlene Mandeln
2 cl Mandellikör
1 Msp. Zimt

Das Ei mit dem Zucker und 2 Esslöffeln Wasser schaumig rühren. Die gemahlenen Mandeln und das gesiebte Mehl nach und nach unterrühren. Der Teig darf nicht mehr am Schüsselrand kleben. Zu einer Kugel formen und ruhen lassen.

Für die Mandelfüllung Eier, Eigelb und Zucker schaumig rühren. Zitronenschale, gemahlene Mandeln, Mandellikör und Zimt unterrühren.

Den Teig auf einer bemehlten Arbeitsfläche ausrollen. Die ausgefettete Springform damit auslegen. Teig mit einer Gabel mehrmals einstechen und die Mandelmasse einfüllen.

Im vorgeheizten Backofen bei 180 °C 30 Minuten backen.

Mit einem Holzstäbchen die Garprobe machen. Bleibt beim Herausziehen noch Mandelmasse am Stäbchen kleben, muss die Torte noch einige Minuten backen.

In der Form auskühlen lassen und vor dem Aufschneiden mit Puderzucker bestäuben.

Parfait de canela

ZIMTPARFAIT

FÜR 4 PERSONEN

1 l Milch
1 Stange Zimt
250 g Zucker
1 Tl Zimt
3 Eiweiß
2 El Puderzucker
Walnusshälften zum Garnieren

Die Milch mit der Zimtstange aufkochen. Den Zucker einrieseln lassen. So lange rühren, bis er sich ganz aufgelöst hat. Die Zimtsange aus der Milch heben und einen Teelöffel Zimt einrühren. In eine Kastenform füllen und im Eisfach anfrieren lassen. Die Eiweiß mit dem Puderzucker sehr steif schlagen. Unter die leicht angefrorene Zimtmasse heben.

Für weitere 3 Stunden in den Gefrierschrank stellen.

Zum Servieren die Form mit der Öffnung nach unten auf einen Teller stürzen und mit einem in heißem Wasser ausgewrungenen Handtuch umlegen. Das Parfait rutscht auf den Teller und kann mit einem Messer, das immer wieder in heißes Wasser getaucht wird, in Scheiben geschnitten werden.

Die Parfaitscheiben auf einem Teller anrichten und mit Walnüssen dekorieren.

Arroz con crema

REISPUDDING

60 g Milchreis
750 ml Milch
2 Tropfen Zitronenöl
1 Zimtstange
2 Eigelb
6 El Zucker
200 ml Sahne
1 Tl Zimt, gemahlen

Den Reis in reichlich Wasser etwa 10 Minuten kochen. Das Wasser abgießen, den Reis gut abspülen und abtropfen lassen. Die Milch mit Zitronenöl und Zimtstange aufkochen und den Reis zufügen und weitere 10 Minuten darin kochen. Er muss die Milch vollständig aufgesogen haben. Die Eigelbe mit dem Zucker verrühren und unter den Reisbrei ziehen. Den Topf vom Herd nehmen und den Brei abkühlen lassen. Unterdessen die Sahne steif schlagen und löffelweise unter den Reis ziehen. In Schalen füllen und mit Zimt bestreut servieren.

Turrón de Alicante

MANDELNOUGAT

FÜR ETWA 25 STÜCKE

650 g Mandeln, geschält
450 g Puderzucker
2 Eiweiß
7 El Honig
Klarsichtfolie
20 geschälte Mandeln zum Garnieren

Die geschälten Mandeln ohne Fett in einer großen Pfanne goldgelb rösten. Von der Menge ca. 50 g beiseite legen. Die restlichen Mandeln fein mahlen. Puderzucker, gemahlene und ganze Mandeln mit dem Eiweiß in eine Schüssel füllen, unterrühren und dann den Honig löffelweise einarbeiten. Die fertige Masse auf ein Stück Klarsichtfolie geben und einrollen. Die Folie öffnen und die 20 Mandeln in gleichmäßigen Abständen in den noch weichen Nougat drücken. Die Rolle wieder in Form bringen und an einem kühlen Ort abgedeckt etwa 1 Woche trocknen lassen. Zum Servieren in Scheiben schneiden.

Pan de higos

FEIGENBROT

FÜR 4 PERSONEN

---

1 kg getrocknete Feigen
200 g Haselnüsse, gehackt
200 g Mandeln, gehackt
100 g Walnüsse, gehackt
1 Tl Zimt
1 Msp Nelkenpulver
2 El Zucker
1 Tl geriebene Orangenschale
von einer unbehandelten Orange
100 g dunkle Blockschokolade
2-4 cl Brandy
50 g geschälte Mandelkerne

Die Feigen grob hacken, mit Nüssen und Mandeln, Zimt, Nelkenpulver, Zucker und Orangenschale gut vermischen.

Die dunkle Schokolade im Wasserbad schmelzen und unter die Feigenmasse geben. Nun den Brandy dazugeben und alles gut vermischen.

Eine Springform mit Backpapier auslegen und die Feigenmasse einfüllen. Im Kühlschrank über Nacht fest werden lassen.

Dieses Feigenbrot ist sehr mächtig. Schneiden Sie immer nur kleine Stücke in Tortenform davon ab und servieren Sie dazu Käse. Die Auswahl an wohlschmeckenden landestypischen Käsesorten ist sehr groß. Bieten Sie zum Beispiel folgende Sorten zum Feigenbrot an:

San Simon – halbfester Kuhmilchkäse
Ibores – Ziegenhartkäse

Torta de Casar – halbfester Schafkäse
Picón – Dreimilchkäse

Diese Auswahl stellt einen sehr schönen Querschnitt durch die spanische Käsewelt dar.

Tarta de manzanas

APFELKUCHEN

300 g Mehl
80 g Zucker
150 g Butter
1 Ei
1 Prise Salz
Fett für die Form
750 g Äpfel
2 El flüssige Butter
1 Tl Zimt
4 El Zitronensaft
2 El Rosinen, in Brandy eingelegt
Aprikosengelee zum Glasieren

Aus Mehl, Zucker, Butter, Ei und Salz einen Teig kneten. Zur Kugel formen und im Kühlschrank 1 Stunde ruhen lassen.

Eine Springform fetten und den ausgerollten Teig einlegen. Einen Rand hochziehen. Den Boden mehrmals mit der Gabel einstechen, dann wirft der Teig beim Backen keine Blasen.

Die Äpfel schälen, halbieren, Kerngehäuse herausschneiden und in Spalten schneiden. Auf dem Tortenboden verteilen. Mit flüssiger Butter bestreichen, mit Zimt bestreuen, dem Zitronensaft beträufeln und den Rosinen belegen.

Im vorgeheizten Backofen bei 200 °C auf der mittleren Einschubleiste ca. 30 Minuten backen. Nach der Backzeit kurz auskühlen lassen und noch warm mit dem Aprikosengelee glasieren. Mit feiner Zimtssahne lauwarm servieren.

Conquista de Almeria

Glossar

Glossar

Aceite
Olivenöl wird in fast allen Speisen in der spanischen Küche verwendet. Es gibt zwei Qualitätsstufen: Aceite de oliva virgen extra (1 % freie Fettsäuren) und Aceite de oliva virgen fino (2 % freie Fettsäuren). Diese beiden Öle sind sehr aromatisch und eignen sich besonders für kalte Speisen. Olivenöl sollte immer dunkel und kühl gelagert werden.

Aceitunas
Grüne oder schwarze Oliven. Spanien exportiert sie in alle Länder. Am bekanntesten sind die Sorten „Gordal" und „Manzanilla".

Aioli
Würzige Knoblauchmajonäse. Wird aus Knoblauch, Eigelb, Olivenöl und Zitrone zubereitet. Diese Majonäse ist ein hervorragender Begleiter zu gegrilltem Fisch, Fleisch und harten Eiern.

Arroz
Reis. Das größte spanische Anbaugebiet liegt in der Levante. Dort wird ein grobkörniger Rundkornreis, der sich vorzüglich für die Zubereitung einer Paella eignet, angebaut.

Bacalao
Getrockneter, stark eingesalzener Stockfisch aus Kabeljau. Das Bekannteste Gericht ist „Bacalao con Patatas", Fischtopf mit Kartoffeln.

Butifarras
Stark gewürzte Schweinswürstchen

Cava
Nach der „méthode champenoise" hergestellter spanischer Sekt. Cavas gibt es als Brut Nature, Brut, Seco und Semi-Seco.

Cutter
Eine handliche Küchenmaschine in der Fleisch und andere feste Zutaten für die Speisenbereitung zu einem Mus zerkleinert werden.

Crema Catalana
Eine Vanillemilchcreme, die mit einer Karamellschicht serviert wird.

Corail
Rogen von Schalen und Krustentieren. Wird auch Innenfett oder Mark genannt.

Dulce
Süßspeisen und Desserts

Ensalada
Gemischter Salat. Leichte Beilage zum Essen oder üppiger angemacht als komplettes Hauptgericht auf der Speisekarte.

Erpel
Männliche Ente. Das Männchen ist größer und hat nicht so viel Fett wie das Weibchen.

Farce
Eine cremige Füllmasse, die in Geflügel, Fisch oder anderen Speisen, die sich füllen lassen, als geschmacklicher Kontrast eingesetzt wird. Oftmals werden aus einer Farce auch wohlschmeckende Klößchen bereitet, die in Suppe oder Soße zur Geschmackssteigerung beitragen.

Fino
Wörtlich übersetzt bedeutet fino „fein". Begegnet Ihnen der Begriff auf einer Speise- und Getränkekarte ist damit eine Sherryart gemeint. Fino ist ein trockener, heller und leichter Sherry. Er eignet sich vorzüglich als Aperitif.

Gazpacho
Gazpacho heißt eine berühmte kalte Gemüsesuppe. Sie ist eine Spezialität aus Andalusien.

Gambas
Riesengarnelen

Higo
Feigen. Feigen sind in Spanien als Dessert sehr beliebt. Man reicht sie auch als Tapas zu Serrano-Schinken und Manchego-Käse

Jamón de Serrano
Wunderbar würziger, luftgetrockneter Bergschinken vom Schwein.

Kalbsbries
Thymusdrüse vom Kalb. Delikate Innerei und zarte Spezialität der spanischen Küche. Das Bries ist cholesterinarm und schmeckt gebraten oder in Ragouts. Es lässt sich zudem hervorragend zu Suppenklößchen verarbeiten.

Lachskoteletts
Mittelstücke aus dem Lachsrücken. Feinstes, festes Fleisch, das sich sehr gut zum Grillen oder Braten eignet.

Manzanilla
Sherrysorte von leicht bitterem, salzigem Geschmack. Gehört zur Familie der Finos.

Manchego
Charakteristischer Käse aus „La Mancha". Ein milder, sehr fettreicher (50 %) Schafsmilchkäse. Er hat ein feines Aroma von Gräsern und wilden Kräutern.

Olla Podrida
Großer Suppeneintopf mit Fleisch und Gemüse.

Oloroso
Sherry, neben Fino der zweite Grundtyp. Goldbraun bis braun hat er ein volles, kräftiges Aroma.

Paella
Traditionelles Reisgericht mit vielen frischen Zutaten.

Pimentón
Spanisches Paprikagewürz, das aus getrockneten Paprikaschoten hergestellt wird.

Pimento
Pfeffer schwarz oder weiß. Ein Universalgewürz das frisch gemahlen jede herzhafte Speise würzt.

Rioja
Das berühmte Rotweinanbaugebiet am Rio Ebro und dem Nebenfluss Rio Oja (gespr. riócha). Hier wachsen körperreiche, elegante Weine.

Sauenfilet
Das Sauenfilet stammt von Schweinen, die schon geworfen haben. Das Fleisch ist etwas fester in der Struktur und um ein vielfaches aromatischer als herkömmliche Schweinefilets, aber ebenso zart.

Sherry
Likörwein aus Jerez de la Frontera

Sangria
Erfrischende Rotweinbowle mit Früchten. Die leichte Version mit Rotwein, Früchten und Mineralwasser, die starke Version mit Rotwein und diversen Likören verfeinert.

Tapas

Kleine pikante Vorspeisen. Sie werden kalt oder warm zu Sherry oder Rotwein verzehrt.

Tortillas

Pfannkuchen aus gestockten Eiern. Kleine eigenständige Mahlzeiten, die schnell und ohne großen Aufwand zubereitet werden. Die Tortilla ist ein spanisches Nationalgericht, das schon im Mittelalter in königlichen Kochbüchern auftaucht.

Turrón

Naschwerk aus Mandeln und Honig. War ursprünglich ein Weihnachtsgebäck. Als Konfekt schmeckt Turrón zu Kaffee oder Brandy.

Vino

Wein. Die in aller Welt bekannten Sorten sind Rioja und Sherry aus Jerez.

Zarzuela

Berühmter Fisch- und Meeresfrüchteeintopf. Er ist nach der spanischen Operette benannt, der Zarzuela.

Register

Das
Schwedische
Kochbuch

ALEXANDER
TÄNNDALEN

PETRA KNORR

KOMET

DAS
TÜRKISCHE
KOCHBUCH
NEVIN HALICI

KOMET

Das
polnische
Kochbuch

Petra Knorr

KOMET

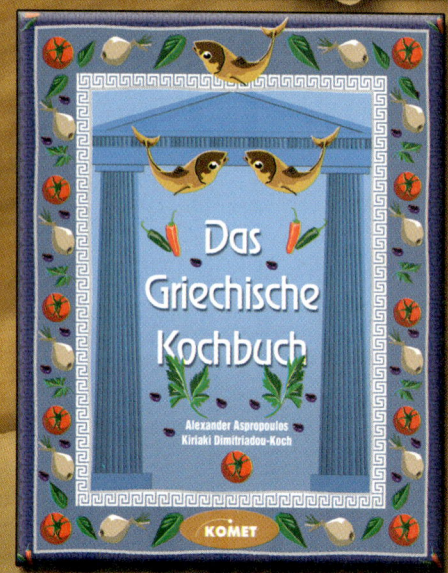

Das
Griechische
Kochbuch

Alexander Aspropoulos
Kiriaki Dimitriadou-Koch

KOMET

das
jüdische
kochbuch

Petra Knorr

KOMET

Lär

bei